JN092811

進化心理学

進化心理学（'23）

装丁デザイン：牧野剛士
本文デザイン：畑中　猛

s-79

まえがき

本書は放送大学の授業のテキストです。ですから，本書を手にされた方の多くは社会人になっても学び続けようという意欲にあふれた方だと思います。ですが，進化心理学について「学びすぎないようにしてください」。というのは，進化心理学は自分で考えることでさらに理解が深まる学問だと思うからです。孔子も「学びて思わざれば則ち罔し」と言っています。詰め込むだけの勉強では，せっかく進化心理学を学んでもらうことの意味や楽しみも薄れてしまいます。

進化心理学というのは，進化論という統一的な見方でヒトの心のはたらきや行動傾向を理解しようとする学問です。進化論の考え方は単純で，適応的な形質（心のはたらきや行動傾向も含まれます）を作る遺伝子は増えていくというものです。ここでの「適応的」は，生存・繁殖に有利で次世代に自分自身のコピーを残しやすいという意味です。「自身のコピーを残しやすいものが増える」という単純な考え方だからこそ，すぐには説明できなさそうに思えることもたくさんあります。そのときに，これは進化論では説明できないと諦めては統一的な理解は得られません。むしろ，一見すると無理筋と思えることを進化論の枠組みでうまく理解できるとしたら，それこそ目から鱗が落ちるような興味深い説明になっているはずです。無理筋に思える問題を自分だったらどう解くのか，ぜひ考えてみてください。

このような知的な面白さがある反面，本書を読み進めていると，進化論的な説明に現代の倫理観とかけ離れているものがあることに気づくはずです。例えば，「浮気をすることはある状況では適応的だ」という説明に，眉をひそめるかもしれません。しかし，本文でも説明するように，私たちに進化の結果として備わった行動傾向（〜である）は必ずしも現代の倫理観（〜すべし）と一致しませんし，進化の結果だから「善い」ということにもなりません。眉をひそめたくなるときには，倫理的価値観から離れて中立的に事実を評価するようにしてください。このような，中立的に事実を評価する考え方に慣れることも進化心理学を学ぶメリットのひとつだと思います。

このように自分で考えてほしいことはたくさんあるのですが，孔子は「思いて学ばざるは則ち殆（あや）うし」とも言っています。進化論的な説明を自分で考え出して，それで満足してしまうのは危うくもあります。まったく間違った理解を正しいと思い込んでしまうことになりかねません。私たちの知識や想像力には限界があるので，ヒトの進化史を考えるといっても，何十万年前，何百万年前のヒトやヒトの祖先の営みがどのようなものであったのか，すぐには理解できないでしょう。こうした知識や想像力の不足を補ってくれるのは，現代の狩猟採集民の暮らしや，ヒト以外の動物の行動です。そのため，心理学の教科書と言いつつ，人類学や動物行動学の知見も必要に応じて紹介していきます。これまでに馴染みのなかった社会のことを学び，そういった社会に思いをはせつつ考えるようにしてください。

ただし，進化心理学（だけでなく心理学全般）は実証的な学問なので，考えるだけではある説明が本当に正しいのかどうかを評価できません。ですから，実証研究（実験や調査）の結果も紹介します。また，進化論的な説明の中には実証研究の結果よりも，数理モデルによってその妥当性を評価した方がよいものもあります。文理融合という言葉が巷（ちまた）でさかんに使われるようになっていますが，進化心理学はまさにそのような学問です。人間行動という身近ではあるけれど奥深いテーマについて，文系的な想像力を巡らしつつ，理系的な分析力（実証データやモデルに基づく厳密な見方）も駆使しながら理解していってください。この教科書が，皆さんが「思いて学び」「学びて思う」ことの一助になるとすれば望外の喜びです。

この教科書では，読者の皆さんに考えながら読み進めていただくために学習課題を章末に設けています。いくつかの課題には解説を付けていますが，課題の多くは教科書本文に説明が書かれています。解説の付いていないもので，すぐに答えがわからないものがあったら，もう一度教科書の関係しそうな箇所を読み直してみてください。また，教科書の内容を踏まえて自分で深く考えてほしい課題にも（正解がないので）解説を付けていません。

それぞれの章末には，関係するテーマについてさらに詳しく知りたいと思ったときのための参考図書を紹介しています。関連するテーマの一般書には●印，その内容に関する教科書には★印を付けています。

放送大学の森津太子先生，中立な立場で草稿に目を通してくださったアドバイザーの先生，編集担当の藤田理子さんには，本書の原稿に対して多くの有益なコメントをいただきました。また，放送教材の作成にあたっては黒岩浩幸さん，武谷裕二さん，菅野優子さん他多くのスタッフの皆さんにお世話になりました。記して感謝申し上げます。

2022年10月
大坪　庸介

目次

1 進化とは

《学習のポイント》 進化というと，どのようなことを思い浮かべるでしょうか。恐竜から鳥が進化したというように種が変わることでしょうか。実は生物学における進化と日常的に使われる「進化」では，その意味が違っていて，誤解も多い概念です。第1章では，進化について正しく理解し，それによって眼のような複雑な器官や心のはたらきがどのように進化するかを学びます。

《キーワード》 自然淘汰，進化，表現型ギャンビット，ボールドウィン効果

1. 自然淘汰による進化とは

(1) 進化とは遺伝子頻度の変化

進化という言葉の意味を皆さんは正しく理解しているでしょうか。進化という言葉は日常でもよく使われるので，そんな意味くらい知っていると思われるかもしれません。ですが，生物学でいうところの進化の意味（ここでは特に「自然淘汰による進化」の意味）は，必ずしも正しく理解されていません。そこで，続きを読み進める前にひとつ考えていただきたいこと（クイズ）があります。以下に挙げる3つの文章の中の「進化」のうち，生物学でいう自然淘汰による進化に一番近い意味で使われているのは何番でしょうか。

① ポケモンが進化した

② あの選手の技術は昨年よりさらに進化している

③ 近年，オレオレ詐欺の手口がますます進化している

答えの前に自然淘汰による進化の意味について説明します。チャールズ・ダーウィンは，1859 年に出版した『種の起源』の中で自然淘汰による進化の考え方を提示しました。ダーウィンは，まずある種の変異（動物なら個体差，ヒトなら個人差）の中には遺伝により親から子に伝わるものがあることを指摘します。変異の中には生存に有利だったり繁殖に有利だったりすることで，次世代に多くの子供を残しやすいものがあるでしょう。すると，生存・繁殖に有利な変異は増え，不利な変異は減るという自然淘汰がかかることになります。その結果，その生物の集団の中で有利・不利な変異を作る遺伝子の頻度が変化します。この遺伝子頻度の変化を進化といいます。

もし「恐竜から鳥が進化した」と言う場合のような種の変化のことを進化だと思っていたとしたら，遺伝子頻度が変わるだけということに驚いたかもしれません。進化をこういうふうに理解することに慣れていない方も多いと思うので，もう一度まとめておきます。ある生物の特定の形質に親から子に**遺伝**（inheritance）により引き継がれる**変異**（variation）があり，その形質に**自然淘汰**（natural selection）がかかると集団中の遺伝子頻度が変化する。この**遺伝子頻度の変化**を進化という。ただ，この説明だけではクイズの答えにはすぐに結びつかないと感じられるかもしれません。そこで，クイズの答えの前に，具体例を使って確認しておきます。

（2）ガラパゴスフィンチのくちばし

自然淘汰による進化の実例は，1977 年にガラパゴス諸島の大ダフネ島が干ばつに見舞われたことで観察されました。大ダフネ島でガラパゴスフィンチ（*Geospiza fortis*）という小型の鳥を観察していたグラント夫妻は，干ばつの後にガラパゴスフィンチのくちばしが平均すると太くなっていることに気づきました（Grant & Grant，2002）。彼らは大ダフネ島のガラパゴスフィンチのほぼ全個体を毎年調べていたので，くちばしの大きさに個体ごとにばらつき（変異）があること，そしてそれが親から子に遺伝することをつきとめていました。

そして1977年の干ばつでガラパゴスフィンチがこれまで食べていた木の種が不足しました。その結果，大きくて割りにくい木の種まで食べないと生き残れない状態になりました。この木の種をうまく割って食べるには大きいくちばしの方が有利でした。つまり，くちばしの大きな個体が生き残りやすく，相対的に多くの子供を残したと考えられます。

その結果，**図1-1**（横軸が年，縦軸がくちばしの大きさです）に示しているように，1978年にはくちばしの大きさが平均して大きくなっていました。これは，大ダフネ島のガラパゴスフィンチの集団では大きいくちばしを作る遺伝子が相対的に増えたということです。これこそ，自然淘汰によって遺伝子頻度が変化したこと（進化が起きたこと）の実例です。

ところで，その後，くちばしの大きさはまた年を経るにつれて小さくなっています。この進化のひとつの理由は，この後に大雨の年があり，今度は数年にわたって小さな食べやすい木の種が島にふんだんに存在していたこと，そしてこの小さな木の種を食べるには小さなくちばしの方が有利だったことです。ここで，また

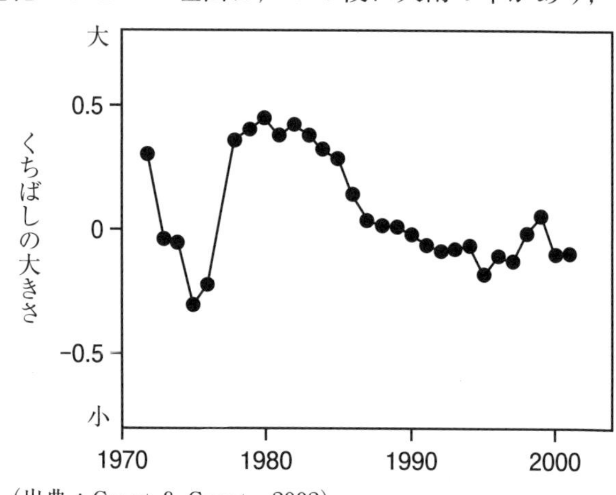

（出典：Grant & Grant，2002）

図1-1　1973年から2001年にかけての大ダフネ島のガラパゴスフィンチのくちばしの大きさ

オヤッと思われたかもしれません。ついさっきくちばしが大きくなること（大きなくちばしを作る遺伝子が増えること）を進化と言ったのに，今度は小さくなること（小さなくちばしを作る遺伝子が増えること）を進化と言っています。こんな正反対の変化がどちらも進化なんておかしくはないでしょうか。いえ，これでよいのです。進化とは何か絶対的な方向性のある変化ではありません。その時々の環境で生き残りやすく，繁殖に有利な形質があれば，それが**適応的**（adaptive）な形質になるのです。そして，その時々の環境に適応した形質を作る遺伝子が増えることが進化なのです。環境が変われば適応的な形質も変わるので，進化の方向も変わってしかるべきなのです。

（3）クイズの答えと「進化とは」

進化とは，親から子に遺伝によって伝えられる変異があり，それに自然淘汰がかかることで集団中の遺伝子頻度が変化することです。フィンチのくちばしの大きさの変化の例からわかるように，進化が起きたというときに，種が変わるほど大きな変化は必要ありません。ここまでの説明を読み終えて，皆さんの冒頭のクイズに対する答えは変わったでしょうか。ポケモンやスポーツ選手の進化は，一世代の中で形質や技術が変化していて，集団レベルでの遺伝子頻度の変化とはまったく関係ありません。ポケモンの進化は，むしろ蛹が蝶になること（変態）に近いでしょう。スポーツ選手の場合は学習といった方がよいものです。残るのはオレオレ詐欺の進化で，これが正解です。ですが，ここには遺伝子は関係していません。それなのに「オレオレ詐欺の手口の進化」が本当に生物学でいう進化に一番近いのでしょうか。

新聞やニュースでよく報道されるように，オレオレ詐欺の手口はひとつではなく，様々なヴァリエーション（変異）があります。それは，どうやらマニュアルのようなものによって古いメンバーから新しいメンバーに引き継がれているようです（以前，詐欺グループがマニュアルをコンビニエンスストアのコピー機に置き忘れていたというニュースを見たことがあります)。つまり，遺伝子のかわりにマニュアルによって世代を超えて継承されるわけです。詐欺グループとしては儲かる方がよいので（一般市民からすると迷惑な話ですが)，うまくいく手口を残してあまりうまくいかない手口は使わなくなるでしょう。これは，自然淘汰によって当該の環境でうまくいく変異が残るのと似ています。おそらくオレオレ詐欺を行う犯罪組織の中でもうまくいかないマニュアルは破棄され数を減らし，うまくいくマニュアルはコピーされて広く利用されるようになるでしょう。これは遺伝子頻度の変化に対応しています。

ガラパゴスフィンチの例で進化に方向性はないと述べました。このことは，オレオレ詐欺の手口にも決定版とでも言うべきものがないことと似ています。例えば，多くの人が特定の詐欺の手口にひっかかると，ニュースでその手口が大々的に報道されて，それに騙される人が減ってしまうかもしれません。そうすると，以前はうまくいった手口はうまくいかなくなり，また別の手口が出てくるでしょう。しかし，この新しい手口も次第に多くの人が知るところになると通用しなくなります。何が適応的かはその時々の状況によって変わるのです。

2. 複雑な器官の進化

（1）突然変異

自然淘汰による進化の実例としてガラパゴスフィンチのくちばしの大きさが環境の変化に応じて変化したこと，つまり大ダフネ島のガラパゴスフィンチの集団の中で遺伝子頻度の変化が起きたと考えられることを挙げました。これは単純な例でわかりやすいのですが，進化がこんな単純なものだとしたら，複雑な生物がこんな単純なプロセスで本当に進化するのだろうかという疑問が生じるかもしれません。

そもそも進化が生じるには個体ごとに少しずつ違った変異があることが前提です。それではこの変異はどこからくるのでしょうか。同じ種の個体の中に遺伝的な違い（変異）があることの一番の理由は突然変異です。突然変異はよくコピーミスといわれます。最初にこのことを少し詳しく説明しておきます。

ヒトを含むあらゆる生き物の遺伝情報は，二重らせん構造をもつDNAによって親から子に伝達されます。遺伝情報はアデニン（A），チミン（T），グアニン（G），シトシン（C）という4種類の塩基の配列（並び方）によってコードされています。これはある種のデジタル情報です。デジタル情報の特徴はコピーしても劣化しないことです。例えば，会議の資料をコピー機でコピーし，足りなくなったらオリジナルの資料ではなくコピーから孫コピーをとるということを何度も何度も繰り返すと，画質が劣化して次第に文字が読みにくくなります。ところが，その資料がコンピュータファイルだったら，あなたがオリジナルからコピーしたファイルを別の人のUSBメモリにコピーしてあげたとしても（そしてこれを何度繰り返したとしても），画質が劣化して文字が読みにくくなったりはしません。コンピュータファイルの情報は0と1の数字の配列（並び方）で表されるデジタル情報なので，0と1の配列さえ正確にコピーすればどのパソコンでもまったく同じ（読みやすい）資料が表示されるのです。

それでは，デジタル情報で劣化しないはずの遺伝情報にコピーミスがあるとはどういうことでしょうか。コピーミスにはいろいろな種類がありますが，単純なものとして本来Aが入る場所にGが入ってしまうといった，遺伝子上の塩基が置き換わってできる変異があります。遺伝子に生じるこのような突然変異は基本的に有害です。これは，問題なく動いている機械の配線をランダムにつなぎ変えるとしたら，その機械の性能にどのような影響があるかを考えてもらえば理解しやすいでしょう。これまで生き残ってきた生き物は基本的に「よくできている」のです。その遺伝子をコピーミスでランダムに変えてしまったら，うまく機能しなくなるでしょう。

（2）ホイルの間違い

天文学者であったフレッド・ホイルは，自然淘汰による進化が生命誕生の説明になるという考え方に真っ向から反対していました。例えば，単純な単細胞生物であっても，生存し自己を複製するという複雑な機能を備えています。ホイルは，このような単細胞生物がランダムなコピーミス（突然変異）で生じるというのは，あたかもスクラップ置き場の上を竜巻が通過したら偶然にもジャンボジェット機ができたと主張するようなもので，荒唐無稽な説明だと批判しました。

このホイルの批判に反論できるでしょうか。よくある誤解に基づく反論は，変異に方向性があるというものです。例えば，氷河期が訪れると耐寒性のある変異が生じやすくなるといったように，環境により適応した変異が生じやすくなるのではないかといった考え方です。これでは，変異が環境に適応した特性を作りやすい（つまり，ランダムではない）ということになります。そんなことがあれば，ありがたいのですが，所詮コピーミスはコピーミスです。そんなに都合よくはいきません。つまり，環境に適応した変異が起きやすいというのは完全な誤解なのです。すると，ホイルの批判に有効に反論できないままになってしまうのでしょうか。

(3) 自然淘汰による蓄積的変化

ホイルは変異が生じるプロセスがランダムであるという点では間違っていませんでした。ところが，細胞のような複雑な器官がたった1回の突然変異で生じると考えた点で間違っていたのです。進化には長い時間がかかるのです。ただし，とにかく辛抱強く待ちさえすればよいというわけではありません。長い時間をかけて様々なランダムな変異の中から，適応度を改善するような変異が自然淘汰により選び出され，それが蓄積することで複雑な器官はできあがります。

どういうことでしょうか。ひとつひとつの突然変異はランダムなプロセスで，先に述べたようにそれが現状の機能を改善してくれるとは期待できません。ところが，生命の進化の歴史は，膨大な試行錯誤の繰り返しでした。突然変異はランダムなプロセスであるとしても，あらゆる変更可能性を試していけば，その中に1つくらい性能を改善するラッキーなコピーミスも出てくるでしょう。とても確率は低いけれど宝くじで大当たりする確率が0ではないのと同じです。

もしこのようなコピーミスが生じたら，それはライバルよりも生存しやすかったり，繁殖に有利だったりするでしょう。生存や繁殖に有利な（＝適応的な）ものが増えるというのは自然淘汰そのものです。進化のプロセスでは，性能を改悪した変異は取り除かれ，ごくまれにしか起こらないとしても性能を改善した変異（その遺伝子をもつ個体が生き残りやすかったり，繁殖しやすくなるような適応的な変異）は次世代に引き継がれ，集団の中で数を増やしていきます。

このラッキーなコピーミスが集団の中に広がってしまえば，次にその機能をさらに改善する別のラッキーなコピーミスが生じるかもしれません。このように，自然淘汰による進化では，ひとつひとつは小さい改善を保存し蓄積していくことが可能です。これがどれほど絶大な効果をも

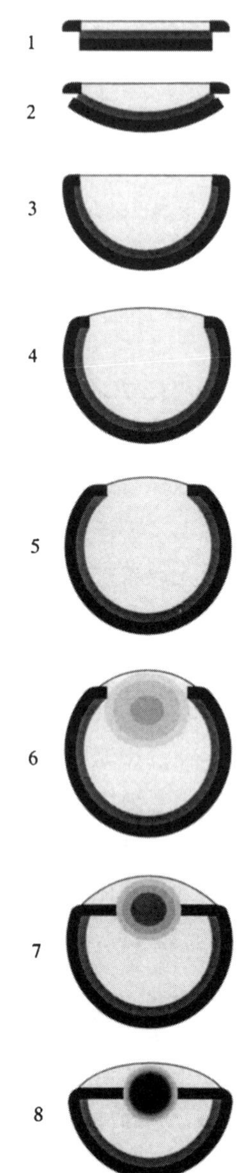

（出典：Nilsson & Pelger, 1994）

図1-2　眼の進化のコンピュータ・シミュレーションの結果

つかを示すコンピュータ・シミュレーション研究があります。**図1-2**は原始的な眼（皮膚の上に光に反応する細胞が集まっているだけの状態）から，ランダムに１％ずつ変化させて見え方が改善したらそれを残すということを繰り返し，その変化を示したものです。毎回の変化は１％だけ，変化もランダムに起こるように設定されていたにもかかわらず，見え方を改善する変化（ラッキーなコピーミス）を残すということを繰り返すと，皮膚のくぼみに丸い眼球ができていく進化が再現されています。実際，このそれぞれの状態に対応する眼をもつ生き物も存在します。

改めてホイルの間違いは何だったのかを考えてみましょう。ホイルの議論は**図1-2**の一番上の状態から一番下の状態が一気に出現すると言っているのと同じです。ですが，そんな変化が一気に起こることはありません。ホイルが見落としていたのは，自然淘汰による進化のプロセスでは，これが少しずつ蓄積的に生じるということです。この蓄積を可能にするのが自然淘汰です。スクラップ置き場のガラクタをランダムに組み合わせても役に立つものはできないでしょう。ですが，すべての組合せを端から試していくのであれば，何か役に立つものができることもあるかもしれません。もちろん，そうしてできたものはさほど洗練されたものではないでしょう。しかし，またランダムにそれを変化させているうちに，それがさらに改善することがあるかもしれません。自然淘汰は，偶然うまくいったものだけを残すことで，そうした改善の蓄積を可能にするのです。

3. 心・行動の進化

(1) 大胆なリスと臆病なリス

眼のような複雑な器官が進化することは理解できても，心のはたらきや行動も自然淘汰による進化の対象になるのでしょうか。心のはたらきが自然淘汰の対象になることは，ジンマーとエムレンの進化の教科書で紹介されている思考実験で理解できます（Zimmer & Emlen，2013）。ここでは，捕食者の気配がしてもなかなか逃げない大胆なリス，捕食者の気配があればすぐに隠れる臆病なリスがいると考えてください。大胆すぎると捕食されやすくなるでしょうし，臆病すぎると餌の少ない時期に十分に栄養をとることができずに死んでしまうかもしれません。

ここでは簡便化して，この大胆さ・臆病さがたった1つの遺伝子で決まっているとしましょう。英語の「大胆な」という単語（bold）の頭文字をとって大文字Bという遺伝子をもっていれば大胆，小文字bという遺伝子をもっていれば臆病であるとします。ここで，ある地域にはリスを捕食する動物がいないとすれば，いちいち捕食者の気配にビクビクしている臆病なリスは大胆なリスよりも採餌効率が悪く，栄養状態も悪くなるはずです。ということは，相対的にBが増えbが減ります。逆に人間がその地域にリスを捕食する動物をもち込むと，今度は捕食されるリスクの方が大きくなり，bが増えるはずです。遺伝子頻度の変化が進化ですから，これは自然淘汰による進化そのものです。そして，Bが増えるか，それともbが増えるかは，捕食者の有無，つまり**進化的適応環境**（environment of evolutionary adaptedness；EEA）により決まります。

（2）表現型ギャンビット

リスの大胆さ・臆病さの進化について考えましたが，その際，Bとbという架空の遺伝子を例に使いました。実際の遺伝子や，そのメカニズムについては何も述べていません。ただ，Bやbが増えたり減ったりするということを説明しただけです。この教科書では，この後も実際の遺伝子の話はほとんどしません。実は動物の行動にせよ私たちヒトの行動にせよ，ちょっと複雑な行動になると，それを制御する遺伝子の仕組みについてはまだまだよくわかっていないのです。そこで，進化心理学者は行動生態学者にならって**表現型ギャンビット**（phenotypic gambit）という仮定のもとで研究を行っています（Grafen, 1984）。ギャンビットとは，チェスにおいて，駒を犠牲にして優位を得ようとする戦術のことです。同様に，表現型ギャンビットとは，行動生態学において遺伝学的厳密さを犠牲にすることで，興味深い行動とその進化を検討することが可能になることを指しています。つまり，研究対象にしている行動にはきっと遺伝的基盤があるはずだと仮定して研究を進めるということです。もし遺伝的メカニズムがわかっている行動だけを研究しようとすると，研究対象は極度に制限されてしまいます（Grafen, 1984）。

ただし，遺伝学的厳密さを犠牲にするとしても，それを一切無視してよいわけではありません。例えば，遺伝学的に考えて無理のある表現型の進化を検討しても，将来その遺伝的基盤がみつかるとは期待できませんし，進化のダイナミックスそのものを見誤ることにもなります。例えば，進化心理学では利他行動が重要な研究テーマのひとつになっています（第4章参照）。利他行動は利他主義者同士の助け合いが実現できれば進化しやすいので，それを可能にする**緑ひげ効果**（green-beard effect）という説明が検討されたことがあります。ここで，保有者を利他的に振る舞わせる遺伝子に緑色のひげのようなわかりやすい外見の特徴を作り出す効果もあると考えてください。緑ひげの保有者同士で利他的に振る舞い合うことにより，利他主義者同士の助け合いが実現し，その結果，利他主義が進化するはずです。

緑ひげ効果は一見もっともらしく聞こえますし，実際に緑ひげ効果の証拠も粘菌のような生き物ではみつかっています。ところが，ヒトのような生き物で考えると，単一の遺伝子が行動と緑ひげのようなまったく異なる2つの影響をもつとは考えにくく，ヒトの利他行動の進化の説明には使えません。逆に利他的傾向と緑ひげが別々の遺伝子によって規定されているとするなら，その2つの遺伝子がいつまでもセットになっている理由がありません。進化心理学の研究は，表現型ギャンビットに基づき，遺伝的基盤について未確認のまま行われたものがほとんどです。それでも，実際の遺伝的メカニズムの制約上無理のある仮定に依拠した進化心理学の説明は，現実的ではないとして棄却されなければなりません。

(3) ボールドウィン効果

私たちの行動のほとんどは，臆病／大胆といった単純な行動傾向では説明できない，もっともっと複雑なものです。例えば，ヒトは言語を使ってコミュニケーションをします。言語のような複雑な構造をもつコミュニケーション手段を使いこなす動物は他にはいません。ですが，ヒトの場合，地球上のどこに行っても言語をもたない社会はないので，言語によるコミュニケーションができるというのは，ヒトという種に固有の能力だと考えられます。

その一方で，生まれたばかりの赤ちゃんは言語を話しませんから，親が話す言語を経験により学ぶはずです。そして，その親自身も自分の親が話す言語を経験によって学んだはずです。進化によって備わったものは経験によって学ぶ必要はないと思っていると，言語は進化の産物とはいえないように思えます。ですが，実際には経験による学習と進化は密接に関係しています。ただし，この2つの関係をめぐる誤解もあるので，その誤解を含めて簡単に説明しておきます。

親が経験により日本語を上手に使いこなしたから，その子供も日本語を上手に使いこなせると考えると，それはまるで親が学習した内容（獲得形質）が子供に遺伝すると言っているように聞こえます。しかし，あなたが血のにじむ思いで練習してピアノを弾けるようになったら，あなたの子供が生まれながらにピアノを弾けたりするでしょうか。そんなことはありません。獲得形質が遺伝するという間違った考え方は，それを提唱した博物学者のラマルクにちなんで（本人には不名誉で気の毒ではありますが），**ラマルキズム**（Lamarckism）と呼ばれています。

ラマルキズムは間違っているというと，言語の進化はますます謎に思えるかもしれません。形質が遺伝することが自然淘汰による進化の必要条件だったことを思い出してください。そうすると，言語は進化の産物ではありえないのではないでしょうか。ここで，経験により獲得した能力は遺伝しませんが，学習能力（才能）は遺伝する可能性があることに注意してください。音楽の父と称されるバッハの息子たちに音楽家が多いのは，音楽の才能（の少なくとも一部）が遺伝するからです。

このように才能が遺伝すると考えれば，言語コミュニケーションが盛んに使われている社会で，それを学習する才能がある者ほどその社会で成功し，多くの子を残し，その子供たちも言語を学ぶ才能が高いということはありそうなことです。その結果，言語を学習する能力が次第に上がっていき，最終的には確実に言語を習得できるレベルに達するでしょう。この考え方は，提唱者であるボールドウィン（19 世紀から 20 世紀初頭にかけて活躍した心理学者）の名前から**ボールドウィン効果**（Baldwin effect）と呼ばれます。ボールドウィン効果があれば，かなり複雑な行動傾向（やそれを確実に学習するための能力）の進化も期待できます。しかし，ボールドウィン効果は本当にラマルキズムとは違うのでしょうか。

ここで，話を単純にして脳の神経回路の配線に遺伝の影響があるとしましょう。生まれてすぐの状態の配線が突然変異により時々変化するとします。すると，言語コミュニケーションを学びやすい配線が偶然に現れるかもしれません。この配線を作る遺伝子は増え，従来の配線を作る遺伝子を置き換えていくでしょう（Hinton & Nowlan，1987）。このようなラッキーな突然変異が時間とともに蓄積して複雑な神経回路を作り上げるのは眼の進化の場合と同じはずです。こう考えると，何かを少しだけ学びやすいというところからスタートして，最終的に先天的にその能力があるような状態に達するというボールドウィン効果も十分に起こりうることが理解できます。また，この説明で遺伝しているのは，言語を使えるようになった状態（獲得形質）ではなく，言語を学ぶための初期の神経回路の配線（言語を学ぶ才能）であることに注意してください。ボールドウィン効果がラマルキズムとはまったく別物であることがわかります。

《学習課題》

1.「あなたは数学が得意だからあなたの子供も数学が得意だろう」と「あなたは学生時代に数学を頑張っていたからあなたの子供も数学が得意だろう」という2つの言い回しは似ていますが，一方はラマルキズムの考え方で間違っています。どちらがなぜ間違っているかを説明してください。

【解説】 ラマルキズムの間違いは，後天的に獲得した形質が遺伝すると考えることです。後者の「学生時代に数学を頑張ったから子供も数学が得意だろう」では，あなたが頑張ってできるようになったことが子供に遺伝するというニュアンスになってしまいます。頑張ってできるようになったことは獲得形質で，獲得形質が遺伝すると考えるのは間違っています。

2．生物学の専門用語としての「進化」を簡潔に定義してください。その際，変異，遺伝，自然淘汰という3つの単語を含めるようにしてください。

3．突然変異はランダムなプロセスであるのに，それによって高度な機能をもつ眼のような器官ができあがるのはなぜでしょうか（すぐに答えられない場合，ホイルの進化論批判のどこが間違っていたのかをもう一度よく考えてみてください)。

引用文献

Darwin, C. (1859/1964). *On the origin of species by Charles Darwin: A facsimile of the first edition.* Harvard University Press. チャールズ・ダーウィン（著） 渡辺政隆（訳）(2009).『種の起源』(上・下) 光文社

Grafen, A. (1984). Natural selection, kin selection and group selection. In J. R. Krebs & N. B. Davies (Eds.), *Behavioural ecology* (2nd ed., pp. 62–84). Blackwell.

Grant, P. R., & Grant, B. R. (2002). Unpredictable evolution in a 30-year study of Darwin's finches. *Science, 296*(5568), 707–711. http://doi.org/10.1126/science.1070315

Hinton, G. E., & Nowlan, S. J. (1987). How learning can guide evolution. *Complex Systems, 1*(3), 495-502.

Nilsson, D., & Pelger, S. (1994). A pessimistic estimate of the time required for an eye to evolve. *Proceedings of the Royal Society of London B, 256*(1345), 53-58. https://doi.org/10.1098/rspb.1994.0048

Zimmer, C., & Emlen, D. J. (2013). *Evolution: Making sense of life*. W. H. Freeman. カール・ジンマー／ダグラス・J・エムレン（著）　更科功／石川牧子／国友良樹（訳）(2016).『カラー図解　進化の教科書』　講談社

参考図書

● チャールズ・ダーウィン（著）　渡辺政隆（訳）(2009).『種の起源』（上・下）　光文社

★ 長谷川寿一／長谷川眞理子／大槻久 (2022).『進化と人間行動』（第２版）　東京大学出版会

2　ヒトの進化

《学習のポイント》　進化心理学では，ヒトという種の心のはたらきや行動傾向を研究対象とするので，おのずとヒトという種の特徴に注意が向きます。そのため，第2章では，ヒトという種の進化史を簡単に概観し，現代の狩猟採集民の生活史の特徴についても説明します。ヒトの心のはたらきについて知るために，なぜチンパンジー（やその他の大型類人猿）と現代の狩猟採集民の生活史・行動が参考になるのか，それを理解することが第2章の目標です。

《キーワード》　直立二足歩行，脳化指数，高価な組織仮説，マキャベリ的知性仮説，社会脳仮説，祖母仮説

1．ヒト族の進化

（1）ヒトの分類上の位置

私たちヒトという種の学名はホモ・サピエンス（*Homo sapiens*）です（第2章では「ヒト」という言葉をいくつかの意味で用いるので，私たち現代人と同じ種について言及する場合には，「ヒト」ではなく「ホモ・サピエンス」と表記します）。ですが，進化の教科書を開くとヒトやホモという言葉がいろいろな意味で使われていて混乱するかもしれません。そういった混乱を避けるために，分類上の用語を整理しておきます。ホモ・サピエンスという種は動物界・脊椎動物門・哺乳綱・サル目・ヒト科・ヒト族・ホモ属に分類されます（**図2-1**参照）。

この分類で，最初に「ヒト」という言葉がつくのはサル目（霊長目と

もいいます）の次の**ヒト科**（*Hominidae*）です。つまり，サル（霊長類）の仲間の中にヒト科というグループが入っているということです。**図2-1**を見ると，ヒト科には私たちヒト（ホモ属）以外に現存するチンパンジーとボノボ（パン属），ゴリラ（ゴリラ属），オランウータン（ポンゴ属）も含まれています。これらの種はまとめて大型類人猿と呼ばれます。

ヒト科の中に**ヒト族**（*Hominini*）が含まれます（「族」と「属」の違いにも注意してください）。図を見るとヒト科から現生の大型類人猿を除いたものになっていることがわかります（パン属を含める場合と含めない場合がありますが，ここでは含めずに考えます）。高校までの世界

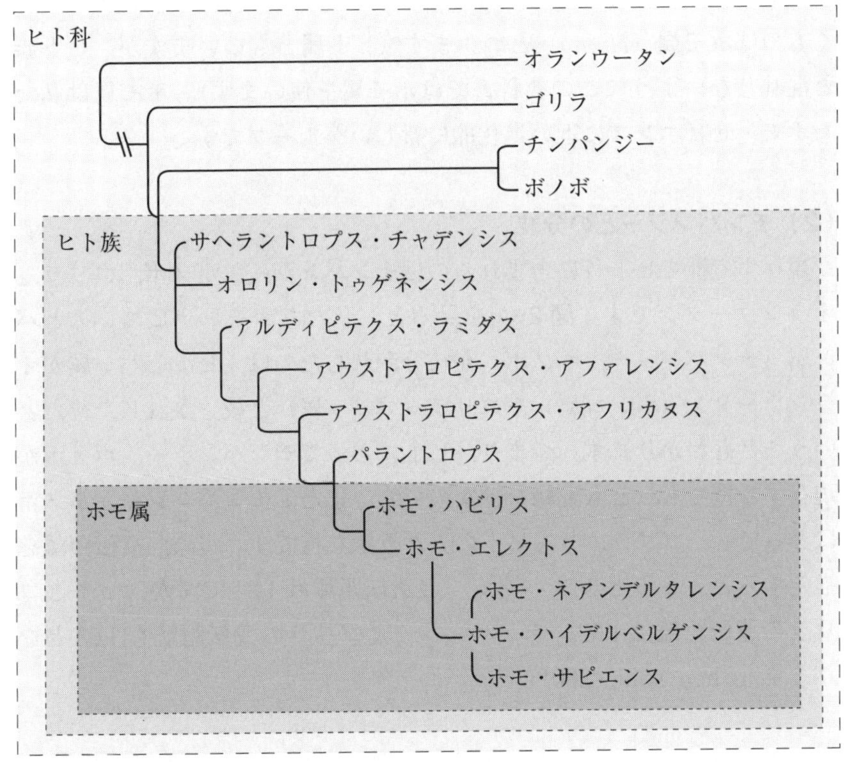

Zimmer & Emlen（2013）の図を改変して作成

図2-1　ヒト科の系統図

史の授業にも登場するアウストラロピテクス属，ネアンデルタール人（学名はホモ・ネアンデルタレンシスといってホモ属の1種です）といった絶滅種はこのヒト族に含まれます。また，アウストラロピテクスより古い初期のヒト族としてはサヘラントロプス，アルディピテクス等が知られています（**図2-1**の左側に書かれているほど古い種であると考えてください）。

ヒト族の中でも，アウストラロピテクスは「南部のサル」という意味の属名で，アウストラロピテクス・アファレンシス，アウストラロピテクス・アフリカヌスのように，その属に複数の種が含まれます。パラントロプス（種としてはロブストス，ボイセイ等があります）は頑丈型アウストラロピテクスと称されることもあります。一方，学名にホモがつくものは**ホモ属**（*Homo*）といいます（ヒト属ともいいますが，ヒト族と混乱しないようにこの教科書ではホモ属を使います）。ホモ属は私たちホモ・サピエンスに近い進化的に新しいグループです。

（2）チンパンジーとの分岐

現存する種でヒト科に含まれるのはチンパンジー，ボノボ，ゴリラ，オランウータンです。**図2-1**を見ると，私たちホモ・サピエンスとパン属（チンパンジー，ボノボ）が枝分かれしたのは，ヒトとパン属がオランウータン（ポンゴ属）やゴリラ（ゴリラ属）と枝分かれした後だということもわかります。つまり，ヒトにとってチンパンジー，ボノボが現存する種でもっとも近縁な種なのです。また，チンパンジーとボノボにとっても，ゴリラよりもヒトの方が近縁な種です。実際，遺伝距離を推定すると，ヒトとチンパンジーの遺伝距離は1.24ですが，ヒトとゴリラの遺伝距離は1.62，チンパンジーとゴリラの遺伝距離も1.63となります（Chen & Li，2001）。

ということは，チンパンジー，ボノボと私たちヒトの共通祖先がいつ枝分かれしたのかがわかれば，それが現在のヒトにつながる独自の進化（ヒト族の進化）が始まった時期ということになります。この時期は，95％の確率で940万年前から540万年前の間にあり，720万年前くらいである可能性が高いと見積もられています（Wilkinson et al., 2011）。

（3）直立二足歩行

それでは，何百万年も前の古い化石が出てきたときに，それがチンパンジーの共通祖先と枝分かれした後の祖先のものかどうか，どのようにして判別するのでしょうか。重要な特徴は，**直立二足歩行**（bipedalism）への移行の兆しが見られるかどうかです。テレビ等で人間と手をつないで歩くチンパンジーの姿が放送されることもあり，チンパンジーも二足歩行すると誤解されているかもしれません。しかし，チンパンジーは両手のこぶしを地面につけてナックルウォークと呼ばれる方法で移動します。

(Photo © 2009 Tim D. White)

図2-2　アルディピテクスの化石

それに対して，初期のヒト族の化石には直立二足歩行をしていたことを示す構造上の特徴があります。**図2-2**は，アルディピテクス・ラミダス（*Ardipithecus ramidus*）の化石で，約400万年前のものと推定されています。この化石の骨盤上部の腸骨の形や足の裏の構造といった特徴は，日常的に二足歩行を行っていたことを示唆します（White et al., 2009）。その一方，足の親指が他の指と対向していて，木の枝を掴むことができたこともわかります。したがって，常に地上を直立二足歩行していたのではなく，樹上での生活もしていたと考えられます。

しかし，そもそもなぜ私たちの祖先は直立二足歩行をするようになったのでしょうか。最初のヒト族が登場したと考えられている約700万年前は，中新世（約2300万年前から500万年前）の末期に当たります。この中新世末期は地球規模の気候変動の時期で，アフリカでは熱帯雨林が減り，乾燥した草原が増え始めました。現存する大型類人猿はいずれも熱帯雨林で生活しているので，私たちの祖先も熱帯雨林で生活していたはずです。ところが，そういった大型類人猿にとっての快適な生息地が減少したため，私たちの祖先は草原に進出せざるをえなかったのだと考えられます。

ただし，消えゆく熱帯雨林で生活していた私たちの祖先も，いきなり草原に出たりはしなかったでしょう。その前に，これまでは手を出す必要がなかった高い木の枝になっている木の実に手を伸ばしてみたのではないでしょうか。群れの仲間たちには手が届かない木の実を食べることができることの競争上の利益は大きかったはずで，安定して直立姿勢を保つことへ強い淘汰がかかったことでしょう（Hunt, 1996）。しかし，それでも足りなくなると，いよいよ未知の草原に出て餌を探すことになります。

地上を移動するときのチンパンジーの移動方法は，こぶしを地面につきながら歩くナックルウォークです。しかし，この移動方法はエネルギー効率がとても悪いのです。チンパンジーは地上での移動のために直立二足歩行をするホモ・サピエンスの約4倍のエネルギーを必要とするという研究結果もあります（Sockol et al., 2007）。いよいよ樹上生活では間に合わなくなって，広い草原を動き回って食物を探さなければならなくなったときに，すでに直立した姿勢を安定してとることができるようになっていれば，エネルギー効率に優れた直立二足歩行への移行は自然な流れといえます。

このようにして私たちの祖先は徐々に直立二足方向に移行したと考えられています。そして，直立二足歩行で草原を移動するようになると，暑い日差しの下での体温調整が必要になります。直立二足歩行はそもそも体温が上がりにくい移動方法です（日差しを浴びる部位が頭部や肩に限定されるからです）。ですが，狩猟採集のために長距離を移動するようになると，追加の体温調整が必要になったはずです。その結果，体毛をなくし汗腺を発達させることで発汗による体温調整が進化したと考えられます（Wheeler，1984）。ただし，暑い日中の移動のために体毛（毛皮）を手放すには，気温が下がる夜間に体温を保つための技術（衣服や火の利用等）が必要だったでしょう。

2. 脳の進化

（1）大きな脳

直立二足歩行はヒト科への進化の第一歩になったと考えられますが，ホモ・サピエンス（現代人）の際立った特徴は，その脳の大きさにあります。ただし，絶対的な大きさでいえばクジラやゾウの方がヒトよりも大きな脳をもっています。これは，体が大きいほど脳も大きいという一般的な傾向があるためです。そこで，体の大きさを考慮した上でその種がどれくらい大きな脳をもっているかを示す指標としてジェリソンにより提唱された**脳化指数**（encephalization quotient）が用いられます（Jerison，1973）。脳化指数で比較すると，クジラは1.8，アフリカゾウは1.3に対して，ホモ・サピエンスは7.4〜7.8になります（Roth &

Dicke, 2005)。チンパンジーでも2.2～2.5ですから，ヒトの脳がいかに大きいかがわかります。

チンパンジーと比べても脳化指数が3倍程度あるということは，チンパンジー，ボノボとの共通祖先と枝分かれした後，ヒト族の中で脳が急速に大きくなったことを意味します。**図2-3**は体重を横軸，脳容積を縦軸にとって，ヒト科の様々な種の脳容積を示したものです。大型類人猿の中，アウストラロピテクス属の中でそれぞれ比べると，体が大きい種ほど脳も大きい傾向があることがわかります。ホモ属でも体重の増加とともに脳容積が大きくなっていますが，右上がりの勾配が他のグループのそれと比べて急峻で，単に体重の増加では説明できないことがわかります。

ホモ属でもっとも脳容積が小さいホモ・ハビリス（約230万年～160万年前）の化石は，最初期の石器がみつかったタンザニアのオルド

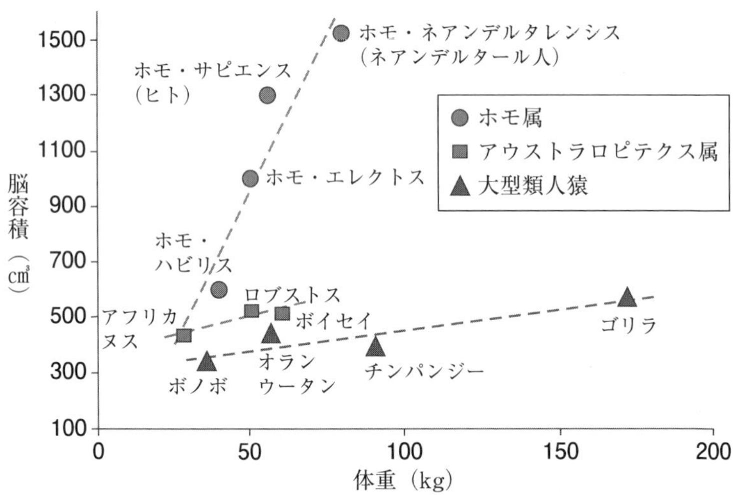

（出典：Roth & Dicke, 2005）

図2-3　ヒト科の体重（横軸）と脳容積（縦軸）の関係

（注）アフリカヌス，ロブストス，ボイセイは正しくはアウストラロピテクス・アフリカヌス，アウストラロピテクス・ロブストス，アウストラロピテクス・ボイセイ（ロブストスとボイセイについてはアウストラロピテクスではなくパラントロプスともいわれる）

バイ渓谷の地層で発見されました。しかし，**図2-3**を見ても，ホモ・ハビリスの脳容積はアウストラロピテクスを若干上回る程度です。この小さな脳容積（600cc 程度）はホモ属のものとしては小さすぎるという見方もあります。しかし，手の化石は現代人と同じような解剖学的特徴をもっていたため，「器用なヒト」という意味のホモ・ハビリスと名付けられました（Leakey et al., 1964）。

脳容積の大型化が顕著になるのはホモ・エレクトスです。ホモ・エレクトスは，180 万年ほど前に，ホモ属の種として初めてアフリカの外に進出しました。そのため，以前からアジアで化石がみつかっており，北京原人，ジャワ原人と呼ばれていました。ホモ・エレクトスの脳容積は，**図2-3**で見ると 1000cc 程度ですが，化石の時代や出土した場所によって体の大きさもかなり違っており，脳容積の推定値にもかなり幅があります。

その後，約 20 万年前にアフリカで誕生した現代人であるホモ・サピエンスは，単純に脳容積だけで比較するとネアンデルタール人よりもやや小さめです。ネアンデルタール人は，アフリカでホモ・サピエンスが誕生した頃，先にアフリカから北方へ進出していた種で，体もがっしりとして大きい種でした。ホモ・サピエンスとはチンパンジーとボノボのような近縁種の関係にありますから，ネアンデルタール人はホモ・サピエンスの祖先ではありません。

（2）脳と腸の関係

いずれにしても，ホモ・ハビリスからホモ・サピエンスへ進化する約 200 万年程度の間に，脳が急速に大型化したことは確実です。それは，脳が大きいことが適応的だったからだと思われるかもしれませんが，話はそう簡単ではありません。仮に大きな脳をもつことが有利だとしても，脳は多くのエネルギーを必要とする代謝的に高価な器官なので，そう簡単に大きくすることはできません。例えば，ホモ・サピエンスの脳がいくら大きいとは言っても，その重さは体重の２％程度にしかなりません。ところが，代謝という観点から見るとヒトの脳は身体全体の20％程度のエネルギーを消費します。したがって，たとえ大きな脳をもつことが生存・繁殖面で有利であったとしても，体の別の部位で使用するエネルギーを犠牲にせずに脳を大きくすることはできません。

では，ヒトは脳を大きくするために何を犠牲にしたのでしょうか。**高価な組織仮説**（expensive-tissue hypothesis）によれば，消化管（主に腸）に割くエネルギーが脳に回されました（Aiello & Wheeler，1995）。ヒトの体の中で維持するために多くのエネルギーを必要とする器官は，脳，消化管，肝臓です。他の霊長類の標準的な大きさからヒトくらいの大きさの「サル」に期待されるそれぞれの器官の重さを推測し，実際の重さと比較したものが**図２-４**です。心臓・腎臓・肝臓は期待値とほぼ同じ重さですが，脳が重くなり，その代わりに消化管が軽くなっていることがわかります。

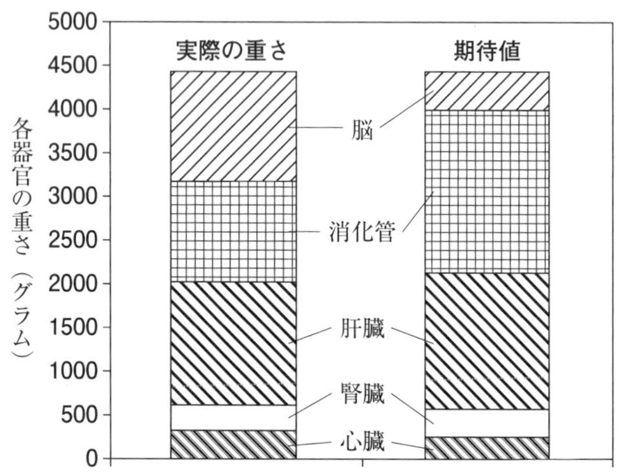

（出典：Aiello & Wheeler，1995）

図２-４　ヒトの器官の実際の重さ（左）と霊長類の標準から推定される期待値（右）

ですが，脳を大きくするために消化管を小さくするというのは，実際にはそれほど簡単ではありません。消化しにくいものを食べるほど消化管は大きくなければ食物を消化できません。したがって，共通祖先と比べて食事内容が大幅に改善していないと，消化管を小さくすることはできません。ところが，草原に進出した初期のヒト族はさほど消化しやすい食べ物に恵まれていたわけではありません。現在のチンパンジーの食事を調べると，60％程度は熟した果実です。それに若葉などの柔らかい植物性の食物を合わせると，全体の摂取カロリー量の90％以上になります（Kaplan et al., 2000）。一方，初期のヒト族であるアウストラロピテクスの歯の化石を調べると，臼歯が大きく厚いエナメル質に覆われていたことがわかります（Kay, 1985）。厚いエナメル質は，殻につつまれた果実や種を食べるのに適しています。また，草原で塊根や塊茎を掘り出して食べるようになったとも考えられます。つまり，チンパンジーと比べて消化しやすい食物を利用するようになったとはいえないのです。

ヒトの祖先の食事内容の転機は，日常的に肉食を開始したことだと考えられます。それでは，ヒトの祖先はいつ頃から肉食をしていたのでしょうか。この推測を可能にする手がかりのひとつは，ヒトの祖先が石器を使って動物の骨から肉を削ぎ落とすときにできる特徴的な傷跡です。古い証拠としては，340万年前の草食動物の骨の化石から，ヒトの祖先が肉を削ぎ落とした傷跡がみつかっています。これは，アウストラロピテクス・アファレンシスがつけたものと考えられています（McPherron et al., 2010）。また私たちの祖先は，骨を割って中の髄も取り出していたと考えられます。

ヒト族の祖先が最初に肉食を開始したときには，狩猟によって肉を手に入れていたわけではありません。**腐肉食**（scavenging）といって，肉食動物の食べ残しや自然死した動物の死体から肉を得ていたと考えられています。これは，ヒトの祖先が肉を削ぎ落とすときにつけた傷に加えて，肉食動物がつけたと思われる傷が同じ骨に残っていることから推測されます。しかし，肉食動物の食べ残しなんて本当に私たちの祖先の「腹の足し」になったのでしょうか。現在のアフリカの肉食獣（主にライオン）の食べ残しの骨を入念に調べた研究では，食べ残しの骨にも相当量の肉が残っていました（Pobiner，2015）。例えば，ヌーの後ろ脚の食べ残しの骨には1 kg 強，シマウマの後ろ脚の骨には2 kg の肉が残っていたということです。したがって，ヒト族の祖先にとって，肉食動物の食べ残しはかなり魅力的な栄養源になったと考えられます。

（3）社会脳仮説

それでは，私たちヒトの祖先は大きくなった脳を何に使っていたのでしょうか。これほど高価な器官をわざわざ消化管と引き換えに手に入れたのですから，有効な使い道があったはずです。次節で見るように，ヒトの生活史の変化から考えると，高度な生業技術の学習のために高い学習能力が必要になったことは確実です。これに加えて，他者（あるいは他個体）との同盟関係の維持や，ライバルを出し抜くために高い知性が必要とされたという考え方があります。あたかも，知性の本質は権謀術数をめぐらすことだとみなしているようなこの考え方は，『君主論』の著者であるニッコロ・マキャベリを彷彿とさせます。そのため，この考え方は**マキャベリ的知性仮説**（Machiavellian intelligence hypothesis）ともいわれます（Byrne & Whiten，1988）。

実際，霊長類の脳のうち特に推論や意思決定のような高次の認知機能にかかわる新皮質といわれる部分の大きさは，霊長類にとっての「社会」である群れの大きさと相関しています。**図 2-5** には様々な霊長類の脳に占める新皮質の大きさ（横軸）と，その種の群れの大きさ（縦軸）の関係を示しています。この図からわかるように脳に占める新皮質の割合が大きいほど，大きな群れで生活していることがわかります。白抜きの○は大型類人猿のデータです（白抜きの□はホモ・サピエンス）。大型類人猿は他の霊長類よりも新皮質の割合が高い傾向がありますが，新皮質の割合が高いほど大きな群れで生活しているという傾向は同じです。ホモ・サピエンスは新皮質の大きさ，群れの大きさのどちらも飛び抜けて大きくなっています（横軸・縦軸の両方が対数目盛になっていることに注意してください）。群れ生活における複雑な社会関係に対処するために脳（特に新皮質）が大きくなったという考え方は，**社会脳仮説**（social brain hypothesis）といわれます（Dunbar，1993）。

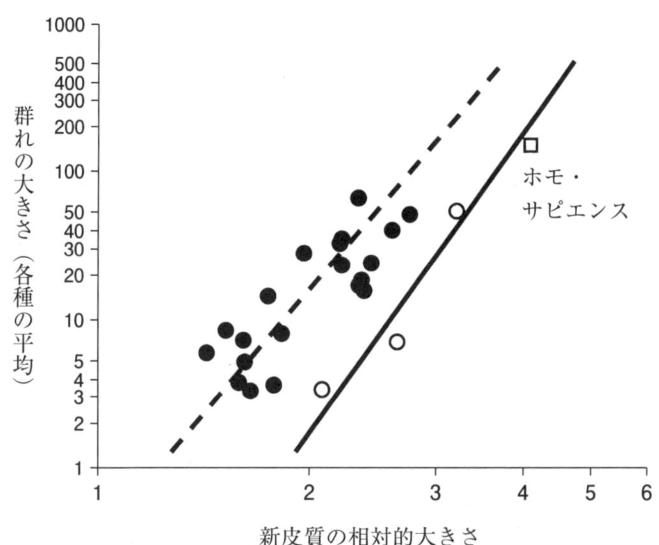

（出典：Dunbar et al.，2007）

図2-5　霊長類の新皮質の大きさと群れの大きさの関係

3. 現代の狩猟採集民

(1) ヒトの生活史の特徴

ホモ・サピエンスが約20万年前にアフリカに登場したときには，極めて高い技能をもった狩猟採集民であったと考えられます。したがって，ホモ・サピエンスの当時の生活を知りたいと思ったときに，最も参考になるのは狩猟採集の生業形態を維持している現代の狩猟採集民です。もちろん，彼らの生活はホモ・サピエンスが登場したときとまったく同じとはいえません（Marlowe，2005）。ホモ・サピエンスが誕生したときには，すべてのホモ・サピエンスが狩猟採集民でしたから農耕民との競合はありませんでした。また，そのときと比べると新しい技術（例えば鉄の矢じり）が導入されています。そういった相違点はあるとしても，やはり現代の狩猟採集民の生活は，ヒトという種の生活史を知る上で参考になります。

狩猟採集民の生活史には他の霊長類や哺乳類全体と比べても際立った4つの特徴があります。それは，①長寿であること，②年長の者に依存する期間が長いこと，③繁殖可能年齢をすぎた者が血縁者の繁殖をサポートすること，④男性が配偶者とその子供へのサポートを提供することです（Kaplan et al.，2000）。これら4つの特徴と脳が大きく学習能力が高いという特徴は互いに影響し合いながら一緒に進化したと考えられています。このような，2つ以上の特性がお互いに影響を与えながら共に進化することを**共進化**[1]（coevolution）といいます。

実はこれらの進化に通底するのが前節で見た食事内容の改善です。狩猟採集民の食物資源のレパートリーの広さには目を見張るものがあります。例えば，パラグアイの狩猟採集民（アチェ族）は，少なくとも78

1　共進化という用語はいくつか異なる意味で用いられるので気をつけてください。例えば，蜜で昆虫を呼び寄せる植物と花粉を運ぶ昆虫のように異なる種の間でお互いにとって都合の良い特性が進化すること，1つの種の中で複数の特性が影響し合いながら進化することはどちらも共進化といわれます。また，文化の影響で遺伝子頻度が変化することも「遺伝子と文化の共進化」と呼ばれます。

種類の哺乳類，21 種類の爬虫類または両生類，150 種類以上の鳥類を狩りの獲物にしています。また，多くの肉食獣は幼かったり年老いていて捕まえやすい獲物を狙うのに対して，狩猟採集民は栄養価という観点から最高の状態の獲物を狙う傾向があります。ちなみに，この違いのお陰で，ヒトと他の肉食獣とで獲物の競合が起きにくくなっています。

（2）長い幼少期と長い寿命

しかし，このような高い生業技術は一朝一夕に身につくものではありません。このことは，狩猟採集民の男性，女性の年齢ごとの 1 日の食物生産量と消費量（複数の狩猟採集社会のデータを平均したもの）をチンパンジーのそれと比較した**図 2-6** から見てとれます。チンパンジーでは 5 歳くらいまで（離乳まで）消費量が生産量を若干上回りますが，それ以降は自分で消費する分を自分で生産していて，生産量と消費量がほぼ等しくなっています。一方，狩猟採集民の男性の場合，生産量が消費量に追いつくのは 20 歳になる少し前です。女性の場合，45 歳くらいまで消費量の方が生産量を上回っています。つまり，狩猟採集社会の生活は，長期間の訓練を要する習得困難な技術に依存しているということになります。

このような長期間の訓練を可能にするのが，年長者に依存する期間の長さ（狩猟採集民の生活史の特徴②）です。これに伴って繁殖開始年齢も遅くなります。例えば，狩猟採集民の女性が最初に出産する年齢の平均は 19.7 歳で，チンパンジーの 14.3 歳よりも 5 年ほど遅くなっています。ちなみに，繁殖開始年齢が遅いからといって，ヒトの繁殖可能期間が短くなっているわけではありません。というのは，最後の子供を出産する平均年齢は狩猟採集民では 40 歳ですが，チンパンジーでは 27.7 歳なのです。このため，平均で見るとヒトの繁殖期間の方が 7 年近く長くなるのです。

食物生産技術の獲得に長い時間を要し，繁殖開始年齢を遅らせるという特徴は，長い寿命（狩猟採集民の生活史の特徴①）と強く関連します。初期投資の大きい生業形態ですから，長生きしなければ元が取れな

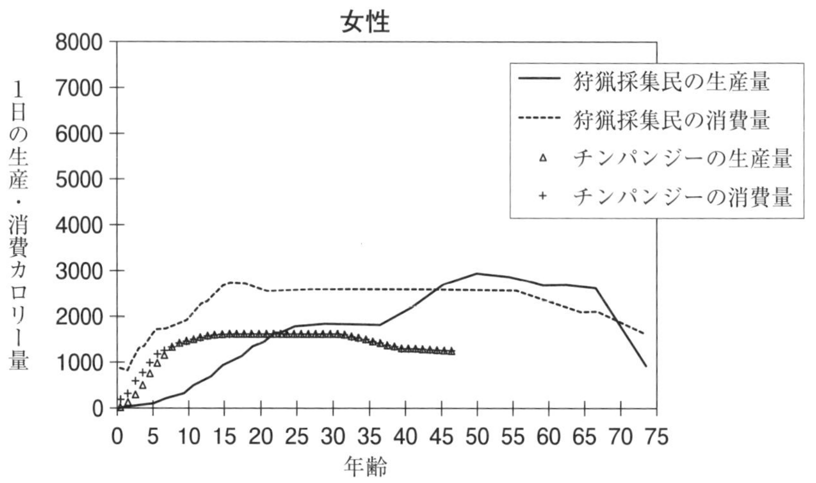

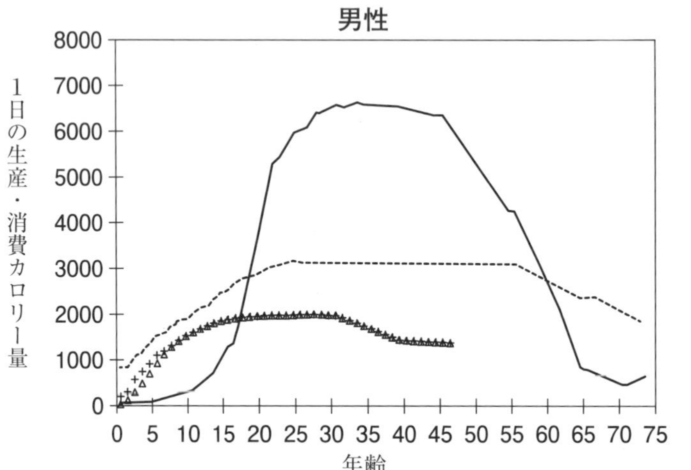

（出典：Kaplan et al.，2000）

図2-6　狩猟採集民とチンパンジーの性別・年齢ごとの1日の食物生産量と消費量

いのです。例えば，15 歳までの生存率をチンパンジーと比較すると，狩猟採集民の平均は 60 %であるのに対して，チンパンジーでは 35 %です。15 歳まで生存していた者の平均寿命を計算すると，狩猟採集民では 54 歳ですが，チンパンジーでは 30 歳です。

この長寿を可能にする要因は，やはり高品質の資源の獲得能力です。栄養価の高い食事が死亡率を下げることは言うまでもありませんが，高度に発達した狩猟の道具は捕食者から身を守るためにも役立ちます。また，長生きしないと元が取れないという生活史の特徴は，集団内での協力も促したと考えられます。狩猟採集社会の人々には，病気や怪我で活動できない日が 6 %から 20 %程度あると推定されています。この期間，食料を融通してもらうことで病気・怪我からの快復が可能になります。また，自分たちの居住地の近くにヒトを襲う肉食獣が出たときには，交代で夜通しの見張りをすることもあります。

(3) 父親・祖母によるサポート

図 2-6 にはもうひとつ興味深い特徴が見られます。女性のデータを見ると，女性の食物生産量が消費量を上回るのは 45 歳あたりです。逆に言えば，それまでは自分が生産するよりも多くのエネルギーを消費していることになります。成人後に，この不足するエネルギーを供給しているのは主に配偶者です。男性は自分で消費するより多くのエネルギーを生産し，その資源を自分の配偶者と子供に提供しているのです（狩猟採集民の生活史の特徴④）。

父親によるサポートは，狩猟採集民とチンパンジーの生活史のもうひとつの興味深い違いを生んだと考えられます。新生児の体重を比べると，狩猟採集民（3 kg）の方がチンパンジー（2 kg）より大きな赤ちゃんを産みます。そうすると，ヒトの方がゆっくり繁殖してもよさそうなものですが，むしろヒトの方が出産間隔が短いのです（狩猟採集民では平均41.3ヶ月，チンパンジーでは平均66.7ヶ月）。授乳中の女性では排卵が抑制されますから，出産間隔は離乳時期と関係します。離乳までの期間を狩猟採集社会間で比較すると，男性が多くの食料を供給する社会ほど離乳が早いことが示されています（Marlowe，2005）。父親によるサポートは，早い離乳を促すことを通じて，短い出産間隔を可能にしていると考えられます。

男性のサポートに加えて，45歳以降，つまり閉経後の女性が自分で消費するより多くのエネルギーを生産していることも重要です。チンパンジーは繁殖可能年齢が終わるのと平均寿命がほぼ一致しており閉経期がありませんが，ヒトの女性には比較的長い閉経期があります。この期間の女性は余分なエネルギーを生産し，それを子（ひいては孫）に提供しています（狩猟採集民の生活史の特徴③）。もし閉経後の女性のサポートが孫の生存率上昇に寄与するのであれば，繁殖可能年齢後の女性が長く元気に働けるように淘汰がかかるはずです。ヒトの女性が閉経後にも長生きすることで孫の適応度を上昇させるという考え方は，**祖母仮説**（grandmother hypothesis）といわれます（Hawkes et al.，1998）。

狩猟採集民とチンパンジーの生活史を比較すると，ヒトの進化が食事内容の改善による脳容積の増加という単純なものではないことがわかります。食事内容の改善とそれを可能にする高度な生業技術は，長寿，長い依存期間，男性による配偶者・子へのサポート，祖母による子・孫へのサポートという少なくとも4つの生活史上の特徴と共進化したと考えられます。

《学習課題》

1．高価な組織仮説について，何を小さくすることで何を大きくすることができるという仮説なのか，また小さくなった方の組織についてはなぜ小さくすることができたのかを説明してください。

【解説】 高価な組織仮説とは，消化管という生命活動に不可欠な器官を小さくすることで脳を大きくすることができたという仮説です。消化管を小さくすることができた大きな理由は，消化しやすい食べ物が利用可能になったことです。本文では肉がヒトの祖先の食物レパートリーに加わったことを挙げています。しかし，消化を助けるという意味では，ヒトの他の特徴も関係するのではないでしょうか。具体的には，食物を調理すること（火を使った調理だけでなく食材をすりつぶしたり細かくする加工）も脳の大型化に重要な役割を果たしたはずです。

2．ヒト族とホモ属には具体的にどのような種が含まれますか。またどちらの方がより大きな分類になっていますか。

3．本文中で狩猟採集民の生活史の特徴を4つ挙げていました。それぞれどのような特徴であったか確認してください。

引用文献

Aiello, L. C., & Wheeler, P. (1995). The expensive-tissue hypothesis: The brain and the digestive system in human and primate evolution. *Current Anthropology, 36*(2), 199–221. https://doi.org/10.1086/204350

Byrne, R. W., & Whiten, A. (Eds.). (1988). *Machiavellian intelligence: Social expertise and the evolution of intellect in monkeys, apes, and humans*. Oxford University Press. リチャード・バーン／アンドリュー・ホワイトゥン（編）藤

田和生／山下博志／友永雅己（訳）(2004).『マキャベリ的知性と心の理論の進化論―ヒトはなぜ賢くなったか』 ナカニシヤ出版

Chen, F.-C., & Li, W.-H. (2001). Genomic divergences between humans and other hominoids and the effective population size of the common ancestor of humans and chimpanzees. *American Journal of Human Genetics, 68*(2), 444–456. https://doi.org/10.1086/318206

Dunbar, R. I. M. (1993). Coevolution of neocortical size, group size and language in humans. *Behavioral and Brain Sciences, 16*(4), 681-694. https://doi.org/10.1017/S0140525X00032325

Dunbar, R., Barrett, L., & Lycett, J. (2007). *Evolutionary psychology: A beginner's guide*. Oneworld.

Hawkes, K., O'Connell, J. F., Blurton Jones, N. G., Alvarez, H., & Charnov, E. L. (1998). Grandmothering, menopause, and the evolution of human life histories. *Proceedings of the National Academy of Sciences USA, 95*(3), 1336–1339. https://doi.org/10.1073/pnas.95.3.1336

Hunt, K. D. (1996). The postural feeding hypothesis: an ecological model for the evolution of bipedalism. *South African Journal of Science, 92*(2), 77–90. https://hdl.handle.net/10520/AJA00382353_7777

Jerison, H. J. (1973) *Evolution of the brain and intelligence*. Academic Press.

Kaplan, H., Hill, K., Lancaster, J., & Hurtado, M. (2000). A theory of human life history evolution: Diet, intelligence, and longevity. *Evolutionary Anthropology, 9*(4), 156–185. https://doi.org/10.1002/1520-6505(2000)9:4<156::AID-EVAN5>3.0.CO;2-7

Kay, R. F. (1985). Dental evidence for the diet of Australopithecus. *Annual Review of Anthropology, 14*, 315–341. https://doi.org/10.1146/annurev.an.14.100185.001531

Leakey, L. S. B., Tobias, P. V., & Napier, J. R. (1964). A new species of the genus *Homo* from Olduvai Gorge. *Nature, 202*(4927), 7–9. https://doi.org/10.1038/202007a0

Marlowe, F. W. (2005). Hunter gatherers and human evolution. *Evolutionary Anthropology, 14*(2), 54–67. https://doi.org/10.1002/evan.20046

McPherron, S. P., Alemseged, Z., Marean, C. W., Wynn, J. G., Reed, D., Geraads, D, Bobe, R., & Béarat, H. A. (2010). Evidence for stone-tool-assisted consumption of animal tissues before 3.39 million years ago at Dikika, Ethiopia. *Nature, 466*(7308), 857–860. https://doi.org/10.1038/nature09248

Pobiner, B. L. (2015). New actualistic data on the ecology and energetics of hominin scavenging opportunities. *Journal of Human Evolution, 80*, 1–16. https://doi.org/10.1016/j.jhevol.2014.06.020

Roth, G., & Dicke, U. (2005). Evolution of the brain and intelligence. *Trends in Cognitive Sciences, 9*(5), 250–257. http://doi.org/10.1016/j.tics.2005.03.005

Sockol, M. D., Raichlen, D. A., & Pontzer, H. (2007). Chimpanzee locomotor energetics and the origin of human bipedalism. *Proceedings of the National Academy of Sciences USA, 104*(30), 12265–12269. https://doi.org/10.1073/pnas.0703267104

Wheeler, P. E. (1984). The evolution of bipedality and loss of functional body hair in hominids. *Journal of Human Evolution, 13*(1), 91–98. https://doi.org/10.1016/S0047-2484(84)80079-2

White, T. D., Asfaw, B., Beyene, Y., Haile-Selassie, Y., Lovejoy, C. O., Suwa, G., & WoldeGabriel, G. (2009). *Ardipithecus ramidus* and the paleobiology of early hominids. *Science*, 326(5949), 64–86. https://doi.org/10.1126/science.1175802

Wilkinson, R. D., Steiper, M. E., Soligo, C., Martin, R. D., Yang, Z., & Tavaré, S. (2011). Dating primate divergences through an integrated analysis of palaeontological and molecular data. *Systematic Biology, 60*(1), 16–31. https://doi.org/10.1093/sysbio/syq054

Zimmer, C., & Emlen, D. J. (2013). *Evolution: Making sense of life.* W. H. Freeman. カール・ジンマー／ダグラス・J・エムレン（著）　更科功／石川牧子／国友良樹（訳）(2016).『カラー図解　進化の教科書』　講談社

参考図書

● リチャード・ランガム（著）　依田卓巳（訳）(2010).『火の賜物―ヒトは料理で

進化した』 NTT 出版
● ロビン・ダンバー（著） 松浦俊輔／服部清美（訳）(2016).『ことばの起源―猿の毛づくろい，人のゴシップ』(新装版) 青土社
● ダニエル・E・リーバーマン（著） 塩原通緒（訳）(2015).『人体600万年史―科学が明かす進化・健康・疾病』(上・下) 早川書房
★ Bernard Wood（著） 馬場悠男（訳）(2014).『人類の進化―拡散と絶滅の歴史を探る』 丸善出版

3 進化心理学とはどのような学問か

《学習のポイント》 進化心理学という学問が生まれてきた背景には，ヒトの心のはたらき・行動の理解に生物学はまったく必要がないという極端な考え方がありました。進化心理学という学問には，このような潮流からの脱却を企図して成立した部分があります。この章では，ヒトの心のはたらき・行動の理解に生物学が不要ではないこと，そして行動が進化した要因（究極要因）と行動を直接引き起こす要因（至近要因）を区別することの重要性を学びます。

《キーワード》 行動主義心理学，標準社会科学モデル（SSSM），行動遺伝学，究極要因，至近要因

1．標準社会科学モデルからの脱却

（1）標準社会科学モデル

心理学では，伝統的にヒトの心のはたらき・行動を決めるのは，「氏（遺伝的な要因）」か「育ち（環境的な要因）」かという二分法的な考え方がありました。実際にはどちらも影響するのですが，20 世紀の心理学では「育ち」を重視する立場が強い影響力をもっていました。その代表は**行動主義心理学**（behaviorism）です。その始まりは，ジョン・B・ワトソンが 1913 年に発表した「行動主義宣言」と呼ばれる論文に遡ることができます（Watson，1913）。

行動主義心理学は，マウスやハトのような動物からヒトの行動まで，強化と罰に基づく**条件づけ**（conditioning）でコントロールできると考

えていました。このような条件づけで行動がコントロールできるという発想の背景には，ヒトの心は生まれたときには何も書かれていない白紙の状態（ラテン語の tabula rasa から**タブラ・ラサ**といいます）であり，社会・文化的経験によって心のありようが形成されるという考え方があります。

心理学における行動主義に限らず，20 世紀には「育ち」を重視し，生物学的な説明をヒトの行動の説明から排除しようとする立場が人類学，社会学といった社会科学全般で強い影響力をもっていました。進化心理学者のトゥービーとコスミデスは，これらの極端な立場を**標準社会科学モデル**（Standard Social Science Model，SSSM）と呼び，SSSM が生物学的説明を排除する論法について説明しています（Tooby & Cosmides，1992)。その論法とは，まとめると次のようなものです。

> 異なる民族同士の結婚により生まれた子供たちは，生まれた方の文化に何の問題もなく馴染むことができる。新生児がどのような文化にも馴染むという事実は，新生児はその民族的な出自と関係なくあらゆる文化に馴染む発達可能性をもっているということを意味する。それにもかかわらず，成人の思考・行動パターンは民族ごとに大きく異なっている。新生児の時点では，これらの思考・行動パターンをもっていないことは自明なので，成長の過程でこれらを周囲の人間から「獲得する」と考えざるをえない。因果の方向は自明で，成人の思考・行動パターンは社会的に決定される。したがって，社会的に継承されていく「文化」こそが研究に値する。また，因果の方向性を考慮すれば，文化は個人の内から発するものではなく，自律的なシステムであるということになる。すると，心理学が研究すべき対象は，心が社会化される過程ということになる。

トゥービーとコスミデスは，SSSMの考え方を批判的に検討します。例えば，後天的に獲得されるものは生物学とは無関係という二分法的考え方は乱暴にすぎます。チーターのような肉食獣の母親は，弱った獲物をわざと放して子供たちに狩りを教えますが，SSSMの二分法によれば，教育が必要な（＝後天的に獲得される）チーターの狩りは生物学的な理解とは無縁の行動ということになってしまいます。また，ヒトという種の知性は脳と関係していると言っても反論は出にくいと思いますが，ヒトの心のはたらき・行動がまったく生物学と関係ないのであれば，脳の大きさや構造も関係ないということになってしまいます。「生物学はまったく関係ない」という立場は極端にすぎます。

（2）優生学と生物学嫌い

ところで，SSSMのような極端な考え方は，なぜ社会科学全体に広がっていたのでしょうか。社会科学における生物学への抵抗感（生物学嫌い）は，優生学（優生思想ともいいます）という生物学の誤用と関係しています。優生学とは，人間には遺伝的優劣が存在するという前提の下で，遺伝的に優れた人達の子孫を残すことでより良い社会を作ることができるとする考え方です。優生学はナチスによるユダヤ人虐殺の正当化にも用いられました。ヒトの心のはたらき・行動に遺伝によって決まる部分はない（生物学で説明できる部分はない）と考えてしまえば，優生学をその前提から否定することになります。

それでは，進化心理学のように生物学的な説明を認めることは，必然的に優生学的な考え方につながってしまうのでしょうか。決してそうではありません。優生学が間違っているのは，ヒトの特性に遺伝的に決まる部分があると考えていることではありません。間違っているのは，遺伝性のある特性（個性と言い換えてもよいでしょう）に優劣をつけることができると考えている点，そしてその恣意的に決定した優劣に基づき「誰それは子孫を残すべきだが，誰それは残すべきでない」といった価値判断をしている点にあります。

(3)「〜である」と「〜すべし」の混乱

進化心理学を学ぶときにも，その知見から一足飛びに価値判断をしてしまわない慎重さが必要です。特に進化心理学で用いる「適応的」という用語が誤解の元になることがあります。例えば，嫉妬という感情は，時として私たちを恋人の浮気相手や恋人本人への暴力に駆り立てます(嫉妬については詳しくは第 10 章を参照)。これに対する進化心理学の説明は，嫉妬感情のはたらきは私たちの祖先が配偶者をライバルから奪われないようにするという意味で適応的だったというものです。ここで適応的という言葉は，嫉妬心をもつことが遺伝子を次世代に残すために有利であるということを意味します。

ところが，適応的という表現を用いることで，「適応的だから善い」と主張していると誤解されることがあります。これは，イギリスの哲学者であるデイヴィッド・ヒュームが指摘した「〜である（is)」を「〜すべし（ought)」と混同してしまうという間違いです。「〜である」から「〜すべし」という結論を導くことができないということは，**ヒュームの法則**（Hume's law）といわれます。嫉妬にかられて恋人の浮気相手や恋人本人に暴力をふるうことは，進化論的な意味で適応的である(次世代に多くの子孫を残すために役に立つ）と考えられますが，だからそのような暴力が「善い」ということにも，（進化論的な意味で）適応的だから仕方がないということにもなりません。

余談ですが，「〜である」から「〜すべし」と結論することを**自然主**

義的誤謬（naturalistic fallacy）ということがあります。しかし，自然主義的誤謬は必ずしもヒュームの法則と同じではないという指摘もあります（Wilson et al., 2003）。自然主義的誤謬という言葉は哲学者のムーアがその著書『倫理学原理』の中で使用したものです。ムーアは，「善い」のような倫理的な特性は，何かが「赤い」，「大きい」という場合とは違い，自然の特性（光の波長，長さや重さ）によって単純に定義することはできないと主張します。したがって，倫理的な善悪判断を自然のありように求めるのは論理的に間違っていることになります。これをムーアは自然主義的誤謬と呼びました。また，この他に進化心理学の知見を，「自然なものは善いものだ」という素朴な直観に訴えて評価するのも間違いです。例えば，「嫉妬が暴力につながっているのは自然なことなので仕方ない」といった判断です。こうした厳密な区別はさておき，この後も，事実の解釈に価値判断が混じりそうな話をするときには注意を促すようにします。

2. 進化心理学についての誤解

ここでは，進化心理学についてよりよく理解するために，「進化心理学とはこういう学問だ」と誤解されがちなものを3つ取り上げて，それらと同じではない（≠）ということを説明しておきます。

（1）進化心理学≠遺伝決定論

SSSMはヒトの心のはたらき・行動の説明に生物学が不要という立場をとり，その結果として経験や学習だけが成人の思考・行動パターンを決めるという極端な立場でもありました。その対極に遺伝子だけが思考・行動パターンを決めるというもうひとつの極端な立場があります。これは**遺伝決定論**（genetic determinism）といわれます。進化心理学は遺伝決定論の立場もとりません。つまり，遺伝子に基づく進化が私たちの思考・行動パターンに影響すると考えると同時に，経験や環境が私たちの行動に影響することを認めています。

例えば，身体的特徴を考えたときに，遺伝決定論が正しくないことは自明です。両親ともに背が高く，遺伝的に背が高くなる素地があるとしても，幼少期から成長期にかけての栄養状態が悪ければ背は伸びないでしょう。つまり，遺伝と環境の両方が身長に影響するということです。それならば，心のはたらき・行動についても同じはずです。

例えば，私たちはどの国に生まれたか，両親が何語を話すかといった環境の違いによって異なる言語を獲得しますが，言語を獲得するために進化した学習能力も必要です（第13章も参照）。ヒトの子供は親が特別な訓練をほどこさなくても勝手に母語を覚えて，それを使い始めます。一方，遺伝的にヒトに近いチンパンジーでさえ，ヒトと一緒に暮らしていれば勝手に言語を覚え，それを使い始めることはありません（Wallman，1992）。赤ちゃんの学習能力がかなり特別なものだということは，大人になってから外国に行き，なかなかその国の言葉を覚えられないという経験をした人にはすぐに理解できるはずです。

進化心理学は，言語獲得のような心理的現象を説明するために，進化の過程で備わった特別な学習能力を仮定します。しかし，それぞれの人が何語話者になるのかについては，どのような言語環境で成長するのかが決定的に重要なことは自明です。この例からも，ヒトの心のはたらき・行動の理解にとって，生物学はまったく関係ないとする立場も，遺伝子だけで決まるという遺伝決定論の立場も極端すぎることがわかります。進化心理学は，どちらの極端な立場もとりません。

(2) 進化心理学≠行動遺伝学

このように進化心理学は環境の影響とそれが作り出す個人差や文化差を否定するものではありませんが，研究対象はそのような影響を受けにくく多くの人々に共通して見られる特徴になりがちです。というのは，進化史的な時間で考えると，ホモ・サピエンスがアフリカを出て世界中に散らばってからまださほど時間が経っていないため，遺伝的基盤のある形質は文化を越えて共通していると考えられるからです。

例えば，直立二足歩行はヒトという種が進化的に獲得してきた移動様式です。そのため，病気や事故で二足歩行が困難であるといった特別な事情がなければ，ヒトは基本的に直立二足歩行で移動すると考えてさしつかえないでしょう。ですから，未知の文化に行くと四足歩行する民族がいるだろうといったことも普通は考えません。心のはたらきについても同じで，ヒトという種に共通する心のはたらきを理解しようとするアプローチがあっても良いはずです。実は，それが進化心理学の基本的な立場なのです。

これは，個人差の遺伝率を考える**行動遺伝学**（behavioral genetics；behavior genetics とも）という学問分野と大きく関心が異なる点です。行動遺伝学という分野を特徴づける研究方法は双生児研究といわれるものです。双生児研究では，一卵性双生児は遺伝子を 100 %共有しているのに，二卵性双生児は 50 %しか遺伝子を共有していないことに着目します。ある特徴が遺伝とは無関係に環境によって決まるのであれば，一卵性双生児と二卵性双生児が似ている程度は違わないはずです。例えば，ある人がどの宗教の信者であるかは，親がどの宗教を信じているかによってほぼ決まってしまいます。そのため，一卵性か二卵性かによらず，一方はキリスト教徒だけどもう一方はイスラム教徒だということはまずありません。つまり，一卵性か二卵性かによらず双子はよく似ているのです。

しかし，ある特性（例えば，IQ）が遺伝によって決まるのであれば，一卵性双生児のきょうだいの方が二卵性双生児のきょうだいよりも似ているはずです。この一卵性双生児と二卵性双生児が似ている程度の差を利用して，その特性の遺伝率を求めることができます。一卵性でも二卵性でも似ている（または一卵性でも二卵性でも似ていない）場合，遺伝率は低く見積もられ，一卵性は似ているのに二卵性はさほど似ていない場合には遺伝率は高く見積もられます。

遺伝率という遺伝子と行動の関係の強さを調べる学問というと，それこそ進化心理学だと勘違いされるかもしれません。実際，この２つの分野の関係は深いのですが，進化心理学は個人差ではなくヒトという種に共通の心のはたらきへの関心が強いので，遺伝に基づく個人差を扱う行動遺伝学とは別の学問分野を形成しています。

（3）進化心理学≠反証不可能

進化心理学はダーウィンの進化論に基づき心のはたらきを理解しようとする学問です。このことは，進化論を根本的な理論として受け入れているということを意味します。しかし，進化論をすっかり受け入れてしまっているとすると，健全な科学に必要とされる**反証可能性**（falsifiability）はあるのでしょうか。例えば，進化論の予測に反する実験結果が出たとします。しかし，進化論が間違っているはずはないのであれば，その予測も間違っているはずがない，だったら実験結果の方が間違っているということにはならないでしょうか。そうなると，実証科学としては不健全です。

これは進化心理学に対するよくある誤解のひとつです（Confer et al., 2010)。進化論はあくまでも個別の予測を導くための**メタ理論**（高次の理論）であって，個別の予測は進化論と矛盾しない形で導出されます。そして，進化論に矛盾しない複数のライバル仮説がありえるのです。例えば，カメレオンが体の色を変えることができるのはなぜでしょうか。広く流布した理解（誤解）はカモフラージュ（色を変えて捕食者からみつかりにくくする）という説明です。捕食されるリスクを下げることができれば適応的です。したがって，この説明は進化論とは矛盾しませんが，カモフラージュ説の旗色はよくありません。むしろ，縄張り争いで自分を大きく見せるであるとか体温調節（暗い色だと日光によって体を早く温めることができます）といった適応的な機能の方が実態に合っているのです。このように，進化論と矛盾しない仮説も実態と合っているかどうかによってその正誤を評価可能，つまり反証可能なのです[1]。

3. 至近要因と究極要因

（1）ティンバーゲンの４つの問い

動物行動学者のニコ・ティンバーゲンは，動物行動を研究する際に４つの異なる問いのたて方があると指摘しました（Tinbergen, 1963）。それは（i）ある行動が生じる**メカニズム**についての問い，（ii）それが個体の成長の過程でどのように**発達**するかについての問い，（iii）その行動がその動物の適応度を上げるためにどのように役に立ったのか，つまり**機能**についての問い，（iv）そしてその行動の**系統発生**についての問い（ある行動が様々な種の分岐のどこで出現したのかについての問い）です。ちなみに，系統発生に合わせて（ii）の「発達」を個体発生ということもあります。

ティンバーゲンの論文が出る少し前に生物学者のエルンスト・マイヤーは，生物学における因果関係を論じる論文の中で，ある行動を誘発

1　進化論と矛盾しない複数の仮説が提唱されている例としては，第7章で紹介する女性が短期的配偶戦略をとる理由に関する仮説，第１３章で紹介する言語の機能に関する仮説があります。今後，実証的検討が十分に行われれば，これらの仮説のいくつかは間違っているとして棄却される（反証される）ことになるでしょう。また，第１５章では実証研究により棄却された進化論に基づく仮説も紹介しています。

する外的要因やそれに反応する内的神経学的要因をまとめて**至近要因**（proximate cause）と呼び，ある行動傾向が進化した経緯をまとめて**究極要因**（ultimate cause）と呼びました（Mayr，1961）。マイヤーは，鳥の渡り行動を例にこの区別を説明しています。渡り鳥の渡り行動を引き起こす要因としては，日照時間が短くなることや急激な気温変化（外的要因），そしてそれらによって渡り鳥の身体に生じる生理的変化（内的要因）が考えられます。このような外的要因とそれに伴う身体的変化（内的要因）が渡り行動の至近要因となります。一方，そもそもなぜこのような傾向が鳥に備わっているのかといえば，北国で越冬するよりも移動のリスクを冒してでも南国に移動した方が生存に有利だったからでしょう。このようにその鳥が渡り行動をもつに至った適応上の理由を究極要因といいます。

ティンバーゲンとマイヤーの考えは，必ずしも厳密に対応しているわけではありません。ですが，その後の生物学者は，ティンバーゲンの(i) メカニズムと (ii) 発達に関する問いは至近要因についての問いに，(iii) 機能と (iv) 系統発生に関する問いは究極要因についての問いに大まかに対応していると考えるようになりました。

（2）近親相姦をどのように避けるか

少し話が抽象的になってきたので，具体例で考えます。きょうだい同士のカップルの間に生まれる子供には健康問題が多いということはよく知られています。これは**近交弱勢**（inbreeding depression）と呼ばれ，ヒトに限ったことではありません。せっかく子供をもうけてもうまく育たないかもしれないとしたら，それは適応的な配偶パターンとはいえません。生まれてくる子供の健康問題を究極要因として，きょうだいとの配偶を避けさせるような至近の心理メカニズムが進化しても不思議ではありません。ここでは，近親相姦を回避する心理メカニズムについて考えます（Lieberman et al., 2007）。

ある人に血のつながった異性のきょうだいがいるとします。すると，幼少期，同じ家庭で長い時間一緒に過ごすことになるでしょう。また，相手が自分より年少であれば，自分の母親がその相手に授乳しているところも見ているでしょう。幼少期のこれらの手がかりがあると，成長した後，その相手（異性のきょうだい）と性的関係をもつと考えただけで嫌悪感を催すようになります。幼少期の同居期間の効果は，19 世紀末にフィンランドの人類学者ウェスターマークによって指摘されており，**ウェスターマーク効果**（Westermarck effect）ともいわれます。

この例に基づき究極要因と至近要因の関係を**図 3-1** にまとめています（「幼少期に自分の母親が弟妹の世話をしているところを見ていた」は長すぎるので，英語の表現である maternal perinatal association を省略した MPA と表記しています）。**図 3-1** の下側に示しているように，この心理メカニズムがヒトに備わっていることの究極要因の説明は，血縁関係にある相手（第 4 章で改めて説明しますが，血縁度が高い相手と

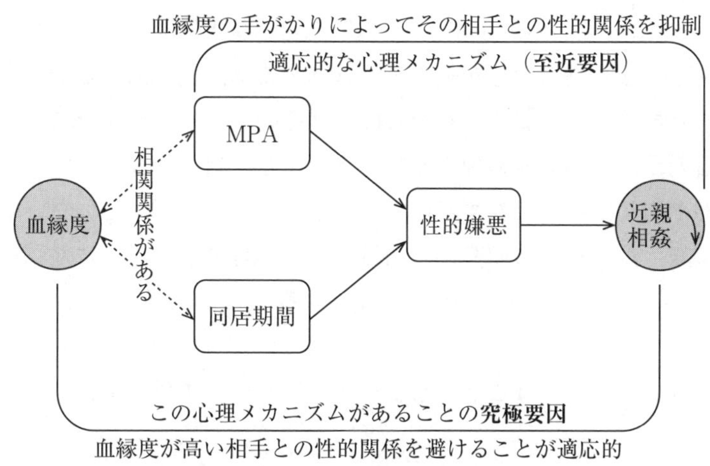

図3-1　血縁関係にある相手との性的関係を避ける心理メカニズム（至近要因）と，それが進化した理由（究極要因）

いいます）と性的関係をもち子供をもうけることを回避することが適応的だからというものになります。

しかし，私たちの祖先（や近親交配を回避しているヒト以外の多くの動物）は相手との血縁度を直接知ることはできませんでした。そのため，血縁関係の有無と相関する手がかりを利用するように進化したでしょう。近親相姦を回避するためにヒトが利用している手がかりは，MPA と同居期間でした。**図 3-1** の上側に示しているように，この外的手掛かりは性的嫌悪という内的な反応を引き起こし，嫌悪感を催すような性行動を抑制します。

この例では，至近要因とは近親相姦の回避を直接促す手がかりです。MPA と同居期間が性的嫌悪の至近要因になっていました。これに対して，なぜこのような外的要因に反応して性的嫌悪を催すメカニズムが進化したのかという問いに対する答えは，究極要因に基づくもの（近親相姦による子供には健康問題があることが多く適応的ではないから）になります。

（3）至近要因の誤作動

図 3-1 に示した外的手がかりに基づき内的な変化（性的嫌悪）が生じ，適応的な行動の変化が起こるプロセスでは，意識的な知識や推論は必要ありません。つまり，私たちはなぜそのような手がかりに自分が反応するのか，その究極の理由を知りませんし，自身が経験している性的嫌悪がその手がかりに対する反応であることにも気づいていないでしょう。実際，近親相姦の回避が，知識ベースの意識的な決定に基づくものではないことは，至近要因が誤作動することがあることからわかります。

誤作動とはどういうことでしょうか。例えば，子供の頃に親同士が子供たちを婚約させてしまい，一方の家庭できょうだいのように育てるという文化的慣習の下では，血縁関係にない2人の間に長い同居期間という手がかりが生じてしまい，その結果，適齢期になっても相手と結婚することを受け入れにくくなることが知られています（Wolf, 1966)。血縁関係はないので結婚しても何も問題ありませんが，近親相姦回避のために進化した心理メカニズムが誤作動するのです。

このような心理メカニズムが無意識的にはたらいていることを理解しておくことは大切です。進化心理学の説明に対するよくある反論は，「私は適応度を上げようなんて微塵も考えたことがない。だから進化心理学の説明が正しいはずがない」というものです。この例に即して言い換えれば，「自分のきょうだいと性的関係をもつことは気持ちが悪いだけだ」という反論です。ですが，行動に最も近い「気持ちが悪い」は意識できるとしても，その性的嫌悪感をどのようなメカニズムでもつようになったのか（どのような手がかりに自分が反応しているのか）について必ずしも意識できている必要はありません[2]。

《学習課題》

1．私たちがきょうだいと性的関係をもつことを避けることの至近要因と究極要因の説明はどのようなものになりますか。

【解説】 究極要因の説明とは，私たちにはなぜきょうだいとの性的関係を避けるような傾向が進化したのかについての説明です。そのた

2　究極要因の説明はなぜその至近メカニズムが進化したのかに関する説明でした。これについても「私はこういう適応上の問題を解決するためにこういう手がかりに反応する傾向を身につけている」と意識的に理解できている必要はありません。例えば，直立二足歩行の適応的機能を理解していて，意識的に四足歩行ではなく二足歩行するようにしているという人はいないでしょう。

め，きょうだいとの間にできる子供は健康上の問題を抱えている可能性が高い（だからそのような相手と子供をもうけるのは避けた方が適応的だ）というのが究極要因による説明になります。一方，私たちは，幼少期に一緒に過ごした異性と性的関係をもつことに性的嫌悪を感じる傾向があります。つまり，気持ち悪いことをあえてしたいと思わないというのが，至近要因による説明です。究極要因と至近要因の説明はお互いに矛盾しないだけでなく補完的な関係にあります。そもそも，なぜ幼少期に一緒に過ごした相手と性的関係をもつことに嫌悪感を覚えるのか，そのような心理メカニズムが備わっている理由こそ，究極要因によって説明されるのです。

2．標準社会科学モデル（SSSM）に特徴的な考え方がどのようなものかを書き出して，確認してください。

3．環境と遺伝子が私たちの行動に影響することを示す実際の事例を考えてみてください。

引用文献

Confer, J. C., Easton, J. A., Fleischman, D. S., Goetz, C. D., Lewis, D. M. G., Perilloux, C., & Buss, D. M. (2010). Evolutionary psychology: Controversies, questions, prospects, and limitations. *American Psychologist, 65*(2), 110–126. http://doi.org/10.1037/a0018413

Lieberman, D., Tooby, J., & Cosmides, L. (2007). The architecture of human kin detection. *Nature, 445*(7129), 727–731. http://doi.org/10.1038/nature05510

Mayr, E. (1961). Cause and effect in biology. *Science, 134*(3489) 1501–1506. https://doi.org/10.1126/science.134.3489.1501

Tinbergen, N. (1963). On aims and methods of ethology. *Zeitschrift für Tierpsychologie,*

20(4), 410–433. https://doi.org/10.1111/j.1439-0310.1963.tb01161.x

Tooby, J., & Cosmides, L. (1992). The psychological foundations of culture. In J. H. Barkow, L. Cosmides, & J. Tooby (Eds.), *The adapted mind: Evolutionary psychology and the generation of culture* (p. 19–136). Oxford University Press.

Wallman, J. (1992). *Aping language*. Cambridge University Press.

Watson, J. B. (1913). Psychology as the behaviorist views it. *Psychological Review, 20*(2), 158–177. https://doi.org/10.1037/h0074428

Wilson, D. S., Dietrich, E. & Clark, A. B. (2003). On the inappropriate use of the naturalistic fallacy in evolutionary psychology. *Biology & Philosophy, 18*(5), 669–681. https://doi.org/10.1023/A:1026380825208

Wolf, A. P. (1966). Childhood association, sexual attraction, and the incest taboo: A Chinese case. *American Anthropologist, 68*(4), 883–898. https://doi.org/10.1525/aa.1966.68.4.02a00020

参考図書

● スティーブン・ピンカー（著）　椋田直子／山下篤子（訳）(2013).『心の仕組み』（上・下）　筑摩書房

★ ジョン・H・カートライト（著）　鈴木光太郎／河野和明（訳）(2005).『進化心理学入門』　新曜社

4 進化論は利他行動を説明できるか

《学習のポイント》 第4章は，利他行動が進化論にとっての大きな謎であるという問題意識からスタートします。そして，それに対する群淘汰という説明を紹介します。群淘汰は間違った考え方なのですが，それでも直観的にわかりやすく正しいと誤解されやすい説明です。第4章では群淘汰によってヒトの利他性が説明できるという考え方が間違いであることをプライス方程式によって確認します。そして，利他行動に対する進化論的に妥当な説明のひとつである血縁淘汰という考え方を学びます。この章は，他の章と比べて数学的な内容が含まれていて難しいと感じるかもしれません。その場合，小見出しに「※」をつけている部分は読み飛ばして，次に進んでください。

《キーワード》 利他主義／利他行動，群淘汰，プライス方程式，血縁度，血縁淘汰

1．利他行動の謎と群淘汰

（1）利他行動を定義する

生物学では，**利他主義**（altruism）に基づく行動（あるいは単に利他行動）は，自分自身の適応度を下げて他者の適応度を上昇させる行動と定義されます。これは，自分自身は利他行動のためのコスト（cost の c）を負うけれど，相手は利益（benefit の b）を受け取ると言い換えることもできます。自分の適応度はマイナス c になり，相手の適応度は b だけ上昇します。自然淘汰による進化とは適応度の高い個体の遺伝子が増え，適応度の低い個体の遺伝子が減るプロセスでした。これでは利他主

義は進化しそうにありません。利他主義が進化論の大きな謎とされるゆえんです。

利他主義の進化について考える前に，説明する対象をはっきりさせるために，一見すると利他行動に思えるけれど実際には利他行動にならない例を紹介しておきます（Clutton-Brock，2002）。それは，単に自身の適応度を上げる行動が他個体に意図せぬ利益をもたらす場合です。これは（副産物としての）**相互扶助**（byproduct mutualism）と呼ばれます。例えば，他個体の子育てを手伝う行動は多くの種で見られます。自分自身は繁殖せずに他個体の繁殖を手伝う個体（ヘルパーと呼ばれます）は利他的に見えます。しかし，このような手伝い行動は，資源の豊富な他個体の縄張りの中に自分の居場所を確保することにつながるかもしれませんし，自分自身の子育てに備えた実地訓練になるかもしれません。いずれの場合にも，ヘルパーの行動が進化する理由は，そうする方がしないよりもヘルパー自身の適応度が上がるからということになります。

しかし，副産物としての相互扶助であっても，相手に利益が生じているのであれば，それを利他行動と呼んではいけないのでしょうか。例えば，子育ての実地訓練になるとしても，子育てを手伝うことにはコストがかかります。そして，手伝ってもらう方は利益を得ています。つまり，コスト c を負って，利益 b を他個体に授けるという利他主義の定義に当てはまっているのではないかというわけです。しかし，行為者はそのコストを上回る利益を得ているので，適応度はむしろ上昇します。これを利他行動と呼ばないのは，皆さんが専門学校に通って何かの技術を身につけるとき，専門学校に授業料を支払うことを専門学校に対して利他的に振る舞っていると言わないのと同じです。

(2) 群淘汰

進化論にとっての謎となる利他行動は，利他行動により行為者の適応度が下がる場合です。このような例として，個体数の調整という例を考えます。かつて，レミングというげっ歯類について，群れの個体群密度が高くなると，一部が集団自殺して個体数の調整をするという噂が広がったことがあります。この説明としては，鳥類学者のウィン＝エドワーズが別の文脈で提唱していた**群淘汰**（group selection）の理論がしばしば引き合いに出されます（Wynne-Edwards，1962）。

群淘汰理論は，この集団自殺を次のように説明します。ある地域で利用可能な餌には限りがあるので，あまり個体が増えすぎるとその地域の餌を食べつくして，その地域に生息している群れ全体が餓死するという最悪の結果になるかもしれません。それを避けるために，群れの一部の個体が自殺することで個体群密度を調整することが集団全体にとって適応的だというのです。

ここで自殺する個体は自殺しない個体に対して利他的に振る舞っていることに注意してください。自殺する個体は，自分自身の以降の適応度を 0 に引き下げるという大きなコストを支払います。一方，自殺しない個体はより良い環境で繁殖できるようになるので適応度が上昇します。群淘汰の考え方によれば，利己的な個体（自殺しない個体）ばかりの群れは餌不足で全滅しやすいのに対して，利他的な個体（自殺する個体）の多い群れは群れ全体として生き残りやすいことになります。そのため，利他行動のデメリットが相殺されるというのです。このように群れレベルで見ると利他行動が有利なので利他行動が進化すると主張する場合，群れ（集団）が淘汰の単位になっていると考えることになりますから，群淘汰と呼ぶのです。

この集団の単位を「レミングという種全体」にまで拡張すると，進化についてよく言われる（誤解に基づく）言葉につながります。同じ種の仲間を助けてあげる利他行動は**種の保存**に役に立つのだ。だから進化するのだというものです。理屈はあっているようにも思えますが，結論から言えば種の保存のために利他行動が進化することはありません。次節ではどのようにしてこの結論が導かれるのかを説明します。

2. プライス方程式と群淘汰の誤り

（1）集団間 vs. 集団内での淘汰

群淘汰についてきちんと考えるためには，集団遺伝学者のジョージ・プライスによって提唱された**プライス方程式**（Price equation）が役に立ちます（Price, 1970）。プライス方程式の概略を理解するために，説明が長くなりすぎないように略語をいくつか使用します。個体群密度が高くなったときに自殺する利他的特性を，altruism の頭文字をとって A と表記します。そんなことはおかまいなしに自殺しない非利他的特性を否定の意味で N と表記します。そして，集団（群れ）によって全滅したりしなかったりということを考えるので，多くの集団があるとします。それぞれの集団（group）は，A と N のいずれかの特性をもった個体（individual）が混ざり合ってできているとします。

プライス方程式では，ある特性が自然淘汰により増えるかどうかを考える際に，その自然淘汰の力を 2 つに分解して考えます。まず自然淘汰の力のひとつは集団間にかかる力です。集団の中に N が多いとその集団は全滅する可能性が高いので，集団の適応度は低いということになります。逆に A が多ければその集団の適応度は高くなります。それに対して，集団内でも自然淘汰の力がはたらきます。集団の中では A は利他行動のためのコストを払う（個体群密度が高くなったときに自殺する）ため N よりも適応度が低くなります。

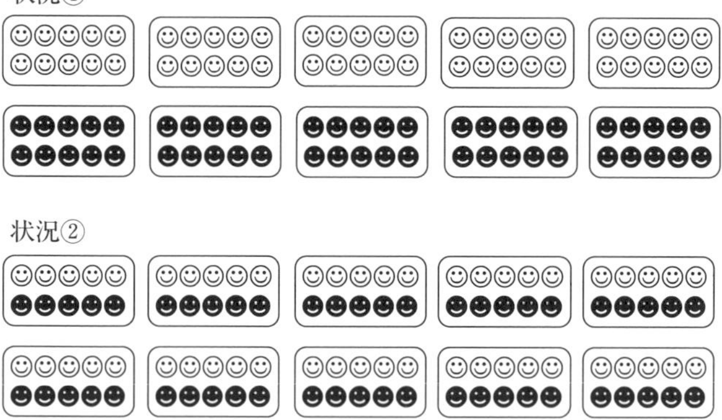

図4-1　集団間・集団内にはたらく自然淘汰の力を理解するための2つの極端な状況

集団間と集団内ではたらく淘汰の力を理解するために，2つの極端な状況（**図4-1**に示す状況①と状況②）を例に考えます。状況①は全員が白（A）の集団が5つ，全員が黒（N）の集団が5つある場合です。各集団（▢で囲まれた10人集団）の中では全員Aまたは全員Nで差がつきません。一方，Aばかりの集団はNばかりの集団と比べて絶滅しにくいので，集団間の比較ではAばかりの集団の方がBばかりの集団より有利なのでした。利他主義者が多い集団は集団間の競争で有利なので利他主義が進化するという群淘汰の考え方は，状況①のような場合には成り立ちます。

一方，状況②ではすべての集団が5人のAと5人のNから成っています。したがって，集団間で差がないので集団間の競争で優劣はつきません。各集団内ではAよりもNの方が有利なのでした。そのため，状況②では各集団内でAが数を減らしNが増えることになります。つまり，複数の集団があるというだけでおのずと群淘汰がはたらくわけではないことがわかります。

（2）集団間 vs. 集団内での自然淘汰のはたらき※

ここでは，プライス方程式についてもう少し深く理解することを目指します。関心がなければ※印のついた部分を飛ばして，本節（5）「群淘汰で利他主義は進化するのか？」に進んでください。

プライス方程式では，自然淘汰のはたらきを集団間にかかるものと集団内にかかるものに分けて考えると説明しました。集団間にかかる淘汰は，A の割合が高いほど集団の適応度も高いという正の相関関係の強さ（β_G）で表します[1]。β の右下に小さく G と書いてあるのは，「集団（group）ごとの A の割合」と適応度の関係を示しているという意味です。相関が正なので $\beta_G > 0$ です。

次に集団内での自然淘汰のはたらきについて考えます。具体的には，ある個体が特性 A をもっていれば 1，特性 N をもっていれば 0 と表すことにします。ここで，1 と 0 は名義的に割り振っているだけですが，数値を割り振ることで特性 A をもって自殺しやすい個体ほど（0 か 1 のうち 1 であるほど）適応度が低くなるという相関関係（β_I）を計算することができます。右下に小さく個人（individual）の I をつけて，個人レベルで考えた場合の相関関係を示していることがわかるようにしています。特性が 0 でなく 1 であると（＝大きな値をとると）適応度が低いという負の相関関係があるので，$\beta_I < 0$ となります[2]。

ここまで利他的な個体が多いほど集団間の競争では有利（$\beta_G > 0$），集団内の競争では利他的な個体の方が不利（$\beta_I < 0$）ということを確認

1　正の相関関係というのは，身長が高ければ体重も重い傾向があるというように，2つの特徴の間に一方が大きければ他方も大きいという関係があることです。統計の授業をとっていれば，その強さを相関係数という値で表すことを学んでいるでしょう。ですが，ここでの β は相関係数そのものではなく，相関係数に基づき計算される回帰係数です（回帰係数は回帰分析で出てきますが，ここでは相関係数と同じようなものだと思ってもらってかまいません）。

2　負の相関関係というのは，正の相関関係と反対に，一方が大きければ他方は小さいという関係のことです。この例では個人の協力傾向が高いと（0と1のうち1だと）適応度が低いので負の相関関係があります。β は注1の説明と同じく回帰係数です。

しました。利他的特性Aには集団レベルと個人レベルで反対方向の淘汰がはたらくことがわかります。

（3）集団間分散 vs. 集団内分散※

次に図4-1に示す2つの状況を統計の分散（データのバラツキ具合の指標）を使って理解します。状況①からランダムに1つの集団を取り出すと，白ばかりの集団かもしれないし黒ばかりの集団かもしれません。一方，状況②からランダムに1つの集団を取り出すとしても，必ず白5人と黒5人が含まれます。つまり，状況②ではどの集団も完全に同じ白黒の構成をしていてバラツキがありません。このことを，状況②の集団間分散は0であると表現します[3]。一方，状況①は集団ごとの違いがあるので集団間分散がプラスの状況です。

次に，各集団の中でのAとNの個体のバラツキ具合（これを「集団内分散」と呼びます）を考えます。状況①には白ばかりの集団と黒ばかりの集団が5つずつ存在します。白ばかりの集団では，全員が白なので成員の特性にバラツキがありません（黒ばかりの集団でも同様です）。つまり，状況①の各集団に注目すると集団内分散が0ということになります。一方，状況②ではどの集団も白が5人，黒が5人いるので，集団の中にバラツキがあります。つまり，集団内分散が0より大きくなっています。

（4）プライス方程式※

集団間・集団内にはたらく自然淘汰の力がβ_Gとβ_Iと表され，それらの力が作用する状況の特徴は集団間分散と集団内分散で表されることを確認しました。これらを使ってプライス方程式を説明します。

その前に，集団内分散は各集団の中のAとNのバラツキ具合の指標

3　状況②では白と黒が50%ずつになっていますが，集団ごとの違いがなければ（例えば，すべての集団で白が90%で黒が10%という場合も）集団間分散はやはり0です。

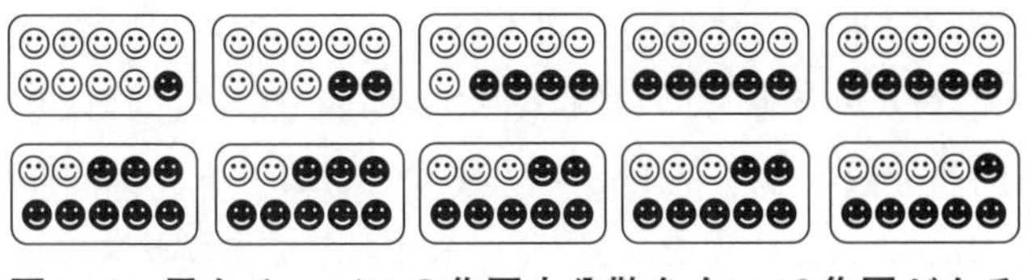

図4-2　異なるレベルの集団内分散をもつ10集団がある状況

なので，集団ごとに値があって使いにくいので少し工夫します。「使いにくい」とはどういうことかを理解するために，**図4-2**のような状況を考えましょう。この図の上段では，左から右に集団内分散が大きくなっています。左端の10人中9人が白（ほとんど白）の集団は，右端の白黒5人ずつの集団よりも集団内分散が小さいわけです。同じように下段も，左から右に集団内分散が大きくなるように並べています。この**図4-2**のような状況で，異なる値の集団内分散がたくさんあると使いにくいので，各集団の集団内分散を計算した後，その平均をとってひとつにまとめることにします。これを平均集団内分散と呼ぶことにします。

これでプライス方程式を理解する準備が整いました。プライス方程式によれば，以下の式（1）がプラスになれば利他的特性Aが増え，マイナスになれば利他的特性Aは減ります（Nが増えます)。

$$\text{集団間分散} \times \beta_G + \text{平均集団内分散} \times \beta_I \cdot\cdot\cdot\cdot\cdot (1)$$

式（1）の中の＋記号の左側に注目してみます。集団ごとのバラツキ（集団間分散）が大きく，利他性の高い集団の方が適応的だという正の関係（β_G）が強いと利他性（A）が進化しやすいことがわかります。この式（1）の左側こそ，群淘汰の強さを表しています。

再び**図4-1**の状況①と状況②を使って，式（1）の意味をもう少し詳しく検討しましょう。状況①は，集団間分散は大きい（白ばかり，黒ばかりの集団がある）のに平均集団内分散は0になる状況でした。したがって，式（1）の＋記号の右側（平均集団内分散×β_I）は0になり，左側（集団間分散×β_G）だけが残ります。このとき，集団間分散はプラス，β_Gもプラスですから，式（1）全体としてもプラスになります。つまり，状況①では群淘汰が正しく，Aが増えることになります。

状況②は，平均集団内分散は大きい（どの集団にも白と黒が半々ずつ存在する）のに，集団間分散は0になる（どの集団も白黒の構成が同じ）状況でした。この状況では，式（1）の＋記号の左側（集団間分散×β_G）が0になり，右側（平均集団内分散×β_I）が残ります。平均集団内分散はプラスですがβ_Iはマイナスになるのでした。したがって，式（1）は必ずマイナスになり，Nが増えます。この状況では，群淘汰がはたらく余地はなく，利他行動も進化しません。

（5）群淘汰で利他主義は進化するのか？

図4-1の状況①と状況②は，極端でやや非現実的な例でした。現実の動物の群れ（あるいはヒトの集団）にはAが多い群れもあればNが多い群れもあるでしょう（例えば，**図4-2**のような状況）。しかし，どちらかといえば状況①に近いのであれば群淘汰により利他主義が進化しますし，どちらかといえば状況②に近いのであれば群淘汰で利他主義が進化することはありません（※印部分の説明まで読んでいれば，状況①と状況②のどちらに近いかということが，式（1）が正の値をとるか負の値をとるかで判定できることが理解できているはずです）[4]。

では，現実の動物の群れについて考えるとどちらが正しいのでしょうか。ほとんどの動物は同じ群れにずっと留まっていて周りがきょうだいばかりになってしまうと近親交配のリスクが高くなるので，多かれ少な

4　本文の説明を簡略化するため，β_Gとβ_Iの役割について，この注でごく簡単に説明しておきます。これらは集団間・集団内でかかる淘汰の強さですから，状況①に近くても（平均集団内分散が小さくても），β_Iの絶対値が大きければ（各集団内で見たときに，自殺するAの適応度が自殺しないNの適応度より著しく小さければ）群淘汰による利他主義の進化はやはり難しいということになります。

かれ生まれた群れから移動します。世代交代にあたってAもNも自分が生まれた群れから移動するとすれば，Aだけの群れ・Nだけの群れはなくなり，AとNが混じり合う群れが増えることになります。つまり，現実の動物の群れは状況②に近いのです[5]。このことから，群淘汰により利他主義の進化は説明できないということになります。

群淘汰により利他主義の進化が説明できないということから，種の保存に役に立つからといって利他行動が進化することはないということがわかります。少し考えてみると，個体群密度を低くするために自殺するのはAばかりですから，種の保存といっても助かるのはNばかりです。その結果，集団はそのうちNばかりになります（非利他的なNが進化するということです）。

ところで，私たちはニュース等で生物多様性の保全のために種の保存が大事だという表現を聞くことがあります。この場合の「種の保存」は，現存する種を残して生物多様性を維持しようとする人為的な努力を指していることに注意してください。ここでの結論である「種の保存のために利他主義が進化することはない」というのは，自然淘汰が種の保存に都合よくはたらくことはないということです。混乱しないように気をつけてください。

この結論を踏まえて，レミングの集団自殺は一体何なのか，種明かしをしておきます。実はレミングのようなげっ歯類は個体群密度が高くなると自分自身の生き残りのために一部の個体が新天地を目指して一目散で移動することがあります。集団自殺に見えたのは，そのような移動をしていた一団が，運悪く水に飛び込んで溺れたのを誤認したのだと考えられています。

5　親が卵を産みつけた宿主から移動できない寄生虫のように，群れ間移動が頻繁に起こるという話が当てはまらない種もいます。このような場合，群淘汰の作用で利他主義が進化する可能性があります。

3. 血縁に基づく利他行動の進化

（1）血縁度

群淘汰の考え方が利他行動の進化の説明として間違っているとしたら，利他行動は進化しないのでしょうか。そんなことはありません。例えば，利他的なつきあいがきょうだい同士に限られるとします。きょうだい同士であれば，一方がAをもっていれば相手もAをもっている，Nをもっていれば相手もNをもっている確率が高いはずです。例えば，母親がAをもっていれば，きょうだいの両方が母親からAを受け継ぐことがあるからです。このように共通の祖先（例えば母親）に由来して同じ遺伝子（例えばA）をもっている確率を**血縁度**（relatedness）といいます。ここでは詳しく説明しませんが，同じ祖先由来で同じ遺伝子を共有する確率なので，きょうだい以外の血縁関係についても血縁度を計算することができます。それはさておき，ここで大事なことは，血縁度の高い者同士でつきあうと，実質的に利他的な個体が集まった群れと非利他的な個体が集まった群れができたのと同じになり，利他行動が進化しやすくなるということです。

（2）血縁度と遺伝子を共有する確率※

血縁度は共通祖先由来で同じ遺伝子を共有する確率と書きましたが，なぜこんなもってまわった言い方をするのでしょうか。単に同じ遺伝子を共有する確率ではいけないのでしょうか。しかし，同じ遺伝子を共有する確率と言ってしまうと，ヒトとチンパンジーであっても98.8%の遺伝子を共有しています。そうすると，「人類皆きょうだい」ではないですが，わざわざ血縁関係のあるきょうだいを特別扱いする意味はなさそうです。ですが，もってまわった言い方をするのには，ちゃんと理由があります。

私たちは母親の遺伝子から半分を受け取ります。きょうだいも同じように母親の遺伝子の半分を受け取っています。つまり，確率的に考えると，母親から受け取った遺伝子のうちの半分（半分の半分なので 0.25）はきょうだいと共有しているはずです。父親から受け取る遺伝子にも同じことがいえるので，両親を共有しているきょうだいの場合，半分（0.5）の遺伝子を母親または父親から共通に受け取っています。これを血縁度が 0.5（r=0.5）であるといいます。片親しか共有していないきょうだいであれば血縁度はその半分の 0.25 になります。

私たちはチンパンジーとさえ 98.8% の遺伝子を共有しているのですから，人間同士であればもっと遺伝子を共有していてもよさそうなものです。それなのにたった 0.5（あるいは 0.25）に意味があるのでしょうか。これについて利他的遺伝子 A と非利他的遺伝子 N を例に考えてみます。ここでは，架空の例として，世の中の 30 %の人が利他的遺伝子 A，残り 70 %が非利他的遺伝子 N をもっているとします。

利他的遺伝子 A をもつ人が，世の中の全員からランダムにつきあう相手を選ぶとすれば，利他的な相手とつきあう確率は 30 %です。それでは，きょうだい同士がつきあうとするとどうなるでしょうか。この人のきょうだいは 50 %（0.5）の確率で同じ親から受け取った利他的遺伝子 A をもっています（母親が 2 人に A を渡している場合と父親が 2 人に A を渡している場合があります）。それに加えて，残りの 50 %の場合にも，30 %の確率で相手が A を共有している可能性があります（偶然，両親がともに A をもっていて，一方は母親から，他方は父親から A を受け取っている場合がこれに当たります）。これを計算すると $0.5+(0.5\times0.3)$ の確率で A が共有されています。

一方，N をもっている人について同じように考えると，0.5 の確率で相手はNをもっています（つまりAをもっていません）。しかし，残り0.5の場合には，Nをもっている人のきょうだいも30％の確率でAをもっているはずです。つまり，Nがきょうだいとつきあって相手がAをもっている確率は0.5×0.3になります。

このように考えていくと，きょうだい同士がつきあうのであればAをもっている者がAをもっている者とつきあう確率（0.5+(0.5×0.3)）とNをもっている者がAをもっている者とつきあう確率（0.5×0.3）の差は，血縁度（この場合は0.5）と等しくなります。これは，世の中にどれだけAが広がっていても広がっていなくても（30％を他のどんな値に変えたとしても）同じです。また，きょうだい以外の血縁関係の相手（例えば，おじ・おばと甥・姪の関係であれば血縁度は0.25）について考えても同じです。

（3）血縁淘汰

生物学者のウィリアム・ハミルトンは，血縁関係に基づくつきあいが利他行動の進化を促すことに気づき，そのための条件が次の非常に簡単な不等式として表されることを示しました（Hamilton，1964a，b）。

$$rb > c$$

この不等式は**ハミルトン則**として知られています。ここでrは血縁度，bは利他行動によって相手が受け取る利益，cは利他行動のために行為者が支払うコストです。

これを遺伝子の視点から見ると，次のようになります。A遺伝子はcのコストを支払って相手にbの利益を与えるわけですが，実はその相手はrの確率で自分自身のコピー（ここでは同じ祖先由来のA遺伝子をコピーと呼んでいます）をもっています。つまり，自分自身を確率的に助けているのと同じです。とすると，A遺伝子の適応度を計算すると

$-c$（利他行動のために支払うコスト）と rb（確率的に自分のコピーが受け取る利益）を足したものになります。この自分と自身のコピーに対する効果まで含めて適応度を計算したものを**包括適応度**（inclusive fitness）といいます。ハミルトン則の不等式が成り立つときには，この $-c+rb$ がプラスになって利他行動が割に合っていることがわかります。つまり，利他行動が進化するのです。

実はいくつかの仮定（例えば，ペアを群れとみなす等）をおけば，数学的にプライス方程式からハミルトン則を導くことができます（例えば，McElreath & Boyd，2007）。これは，数学の問題を別解で解いたときに同じ答えが出てくるようなものです。正しく計算しさえすれば，結論（利他主義が割に合う条件）は同じになってしかるべきなのです。

（4）血縁に基づく利他行動

血縁に対する利他行動が進化する条件は，ハミルトン則という簡単な不等式で表すことができました。しかし，人類学者のマーシャル・サーリンズは，ほとんどの伝統的社会には小数や分数といった概念がないことを指摘し，私たちの祖先が血縁度に基づき誰に利他的に振る舞い，誰に利他的に振る舞わないかを決めることは不可能だと批判しました（Sahlins，1977）。おまけとして，ましてや動物にこんな説明が当てはまるはずはないという皮肉も付け加えています。ここで先を読み進める前に，自分だったらこのサーリンズの批判にどのように反論するかを考えてみてください。

生物学者のリチャード・ドーキンスは，この批判を血縁淘汰理論に対するよくある誤解のひとつだと指摘しています（Dawkins，1979）。そして，血縁度の概念がもてなければ血縁淘汰理論の予測に合致した行動ができないというのは，数学が理解できないクモに数学的に複雑な構造をもつクモの巣を作れるはずがないと主張しているようなものだと指摘しています。ドーキンスは，クモは本能にしたがい巣を作るだけだと言います。ですが，それによって数学的に複雑な構造ができあがり，それを私たちが理解・記述するためには数学が必要です。

ここで，クモが本能にしたがい行動するというのは，実際の行動は至近要因に影響されているのであって，究極要因を理解している必要はないと言っているのと同じです。第3章で学んだ近親相姦を避ける至近要因についての説明を思い出してください。MPA や同居期間が長い異性（きょうだいである可能性が高い相手）と性的関係をもつことには，性的嫌悪を催すのでした。この至近要因（手がかり）の影響で近親相姦を回避するとき，私たちが血縁度という概念をもっている必要はまったくありません。同じことは血縁度の高い相手に利他的に振る舞う場合にも当てはまります。

実は，性的嫌悪の研究として第3章で紹介した研究（Lieberman et al., 2007）には，きょうだいに対する利他行動に関する質問（例えば，きょうだいが臓器移植を必要とする病気になったとしたら，自分の臓器を提供してもよいか）も含まれていました。結果は，性的嫌悪の場合と同じで，MPA や同居期間が長いという手がかりがあるほど，そのきょうだいに対して利他的に振る舞う傾向がみられました。血縁度という概念がなくても，血縁度と相関する至近要因（手がかり）によって利他行動が促されていれば，血縁淘汰の予測と合致する行動パターンが生じることになります。

この章では，利他行動が進化論にとっての謎だということを説明しました。自分自身の適応度を下げる行動が進化するというのは，進化論の考え方に矛盾するように思えます。ところが実際には，ヒトを含め多くの種で利他行動が見られます。これに対する誤った説明は群淘汰でした。利他行動は自分自身の適応度は下げても群れにとって（そして，ひいては種の保存にとって）有益だから進化するのだという考え方です。プライス方程式が示した群淘汰が当てはまる条件（平均集団内分散が0に近く，集団間分散が大きい）は，実際の動物の群れ（ヒトの集団も含む）では満たされそうにはありませんでした。したがって，群淘汰で利他行動が進化したと考えるのには無理があります。利他行動に対する妥当な説明は血縁淘汰という考え方でした。血縁同士がつきあうことで利他主義者が利他主義者とつきあいやすくなり，利他主義が進化しやすくなるのです。しかし，この利他主義の進化に関する究極要因の説明を私たちが理解できている必要はありません。私たちは直接的には至近要因に影響される形で特定の相手に利他的に振る舞いやすいだけだからです。

さて，この章を終えるにあたって，ひとつお断りしておくことがあります。この章のタイトルは「進化論は利他行動を説明できるか」です。しかし，第4章では，進化論に基づく利他行動の間違った説明（群淘汰）に対して，正しい説明（血縁淘汰）を1つだけしか紹介していません。実は，進化論に基づく利他行動の説明は血縁淘汰理論だけではありません。この後，第11章，第12章で血縁に基づかない利他行動（その場合は協力行動ともいいます）の進化について扱います。

《学習課題》

1．生物学における利他行動の定義を述べてください。

2．包括適応度を簡単に定義してください。

3．今，狩猟採集民の集団が2つあるとします。集団1はほぼ全員が利他主義者の集団で，集団2はほぼ全員が非利他主義者の集団です。このとき，利他主義に関して集団間の分散は大きいですか，小さいですか。また，集団内分散は大きいですか，小さいですか。（学習課題3は，※印の付いた部分を読んでから挑戦してください。）

引用文献

Clutton-Brock, T. (2002). Breeding together: Kin selection and mutualism in cooperative vertebrates. *Science, 296*(5565), 69–72. http://doi.org/10.1126/science.296.5565.69

Dawkins, R. (1979). Twelve misunderstandings of kin selection. *Zeitschrift für Tierpsychologie, 51*(2), 184–200. https://doi.org/10.1111/j.1439-0310.1979.tb00682.x

Hamilton, W. D. (1964a). The genetical evolution of social behaviour. I. *Journal of Theoretical Biology, 7*(1), 1–16. http://dx.doi.org/10.1016/0022-5193(64)90038-4

Hamilton, W. D. (1964b). The genetical evolution of social behaviour. II. *Journal of Theoretical Biology, 7*(1), 17–52. http://dx.doi.org/10.1016/0022-5193(64)90039-6

Lieberman, D., Tooby, J., & Cosmides, L. (2007). The architecture of human kin detection. *Nature, 445*(7129), 727–731. http://doi.org/10.1038/nature05510

McElreath, R., & Boyd, R. (2007). *Mathematical models of social evolution: A guide for the perplexed.* University of Chicago Press.

Price, G. R. (1970). Selection and covariance. *Nature, 227*(5257), 520–521. https://doi.org/10.1038/227520a0

Sahlins, M. (1977). *The use and abuse of biology: An anthropological critique of cociobiology.* University of Michigan Press.

Wynne-Edwards, V. C. (1962). *Animal dispersion in relation to social behaviour.* Oliver and Boyd.

参考図書

● リチャード・ドーキンス（著）　日髙敏隆／岸由二／羽田節子／垂水雄二（訳）（2018）．『利己的な遺伝子』（40周年記念版）　紀伊國屋書店

5 性と進化

《学習のポイント》 第5章では性をめぐる3つの謎について考えます。まず，なぜ有性生殖で繁殖するのかという問題です。私たちが普段から目にしている種の多くは，オスとメスがいて有性生殖をします。そのため，有性生殖をすることは当たり前のことと考えがちです。しかし，無性生殖という選択肢もあるのです。それなのにわざわざ有性生殖をするとしたら，そこには何か理由があるはずです。次になぜオスとメスで形態が大きく違う種がいるのかという問題です。例えば，オスにだけ派手な飾りがついている種がいますが，なぜこのような性差が進化するのでしょうか。最後に多くの種でオスよりメスの方が子育てに熱心という性差があります。なぜ，このような子育てへの熱心さの非対称性が多くの種で見られるのでしょうか。

《キーワード》 赤の女王仮説，性淘汰，性的二型，ランナウェイ仮説，ハンディキャップ原理，ヤング・メイル・シンドローム，父性の不確実性

1. なぜ有性生殖なのか？

(1) Tシャツの臭い実験

本題に入る前にひとつ面白い実験を紹介します。その実験では，6人の協力者に新品のTシャツを渡して，それを2日間パジャマとして使ってもらい回収しました。Tシャツには実験協力者の体臭がしっかりついていたはずです。次に，121人の別の参加者にそのTシャツの臭いをかいでもらい，その臭いの不快さを評定してもらいました（Wedekind & Füri，1997）。

この体臭の評定実験に加えて，実験協力者（T シャツを着た人達）と参加者（T シャツの臭いをかいだ人達）の免疫系にかかわる遺伝子の集まり（主要組織適合遺伝子複合体または MHC）についても調べられました。MHC は遺伝子の中でも個人差が大きいもので，臓器移植ではこれが合致する人同士でないと移植がうまくいきません。それはさておき，この実験では自分と MHC の似た人が着た T シャツの臭いを不快と評定しやすいという結果が得られました。

この結果は，配偶者選びと関係があるのだと解釈されます。体臭が気になる相手（自分と似た MHC の相手）のことは恋人として選びにくいでしょう。そういう相手を避けていると，結局，私たちは自分と違うタイプの免疫系の遺伝子をもった相手を配偶者として選びやすくなります。

（2）性は何のためにあるのか？

体臭を手がかりにして自分と異なるタイプの免疫系の遺伝子をもった配偶者をみつけているという説明は，やや強引と感じられるかもしれません。こんな説明が出てくる根拠はあるのでしょうか。この説明の妥当性を正当に評価するためには，そもそも性は何のためにあるのかという問題について考えなければなりません。例えば，私たちは（特に若い時分は）パートナー探しにかなりの時間とエネルギーを費やします。無性生殖で繁殖する生き物のように，しかるべきときに自分のクローンが生まれてくる方が楽です。

実際，有性生殖というのは極めて効率の悪い繁殖方法です。女性（あるいはメス）の立場から考えてみましょう。1 つの卵子には自分の遺伝子の半分しか入っていません。精子が残り半分の遺伝子を提供します。精子は動き回ることはできますが，何の栄養ももってこないので，卵子が子供へと育つのに必要なエネルギーはすべて女性（メス）が負担しています。無性生殖であれば，同じコストで自分の遺伝子をすべて引き継ぐクローンができるところです。パートナー探しに手間がかかる上にやっとできた子供は半分の遺伝子しか引き継がないのです。

進化とは遺伝子頻度の変化でした。もし有性生殖する種に無性生殖する突然変異体が生まれてきて，有性生殖するメスの子供と同じ数だけ自分のクローンを作るとしたらどうでしょうか。無性生殖の突然変異の遺伝子の方が次世代に2倍多く残ります（子供の数は同じでも，有性生殖の子は母親の遺伝子を半分しかもっていないからです）。また，1個体の子供を残すのに母親と父親という2個体が必要であることもあり，有性生殖には2倍のコスト（two-fold cost）がかかると言われることがあります。それにもかかわらず多くの種が有性生殖をしているということは，有性生殖には2倍のコストを相殺して余りあるメリットがあるはずです。それは何でしょうか。

（3）赤の女王仮説

有性生殖の進化に何かロマンティックな説明を期待されるとしたら申し訳ありませんが，有性生殖の進化を促したのは病気であるというのが広く受け入れられた考え方です。病気の中でも特に細菌やウイルスといった病原体（あるいは寄生者）によってもたらされる病気です。有性生殖をすることで，私たち宿主（しゅくしゅ）が寄生者との争いを有利に運ぶことができるのではないかというのです。

サイエンス・ライターのマット・リドレーは，有性生殖が寄生者の攻撃に対する防御となるからくりを，鍵と錠という比喩で説明しています（Ridley, 1993）。あなたの家の鍵を泥棒に盗られたとします。あなたならどうするでしょうか。おそらく，玄関の錠を新しいものに取り換える

（古い鍵では開かないものにする）でしょう。これと同じで，もし寄生者があなたの免疫の防御を突破して細胞に感染するための「鍵」を進化させたとしたら，免疫の「錠」を取り換える必要があります。

もし無性生殖する種であれば，免疫系遺伝子の突然変異で「錠」が取り換わるのを待っているしかありません。そうした都合の良い突然変異が起こらなければ，ある個体とその子孫には全て同じ「錠」がついている状態です。これが宿主にとって圧倒的に不利な状態であることは言を俟ちません。

有性生殖のメリットは，子供を残すときに突然変異に頼らずに免疫の「錠」をそれぞれ違うものに取り換えることができることです。しかし，「錠」を取り換えても安心はできません。寄生者と宿主の関係では，寄生者の世代交代（つまり突然変異）のペースの方が圧倒的に速いので，寄生者は新しい「鍵」のいくつかをみつけてしまうでしょう。ですから，子供世代は再び有性生殖で孫世代にそれぞれ新しい「錠」を取り付けます。ですが，寄生者は再びそれを破る「鍵」をみつける……寄生者との戦いに負けないようにするには「錠」を変え続けなければならないのです。これは，『鏡の国のアリス』に登場する赤の女王が同じ場所に留まるためには走り続けなければならないというあべこべの世界を説明したのに似ています。そのため，寄生者との戦いでなんとか負けない状態に留まるには変化し続けなければならない，そしてそれこそ有性生殖が進化した理由だという仮説は，**赤の女王仮説**（Red Queen hypothesis）といいます。

（4）赤の女王仮説の証拠

それでは，赤の女王仮説が正しいと考える根拠は何でしょうか。生物学の研究でよく用いられる線虫（*Caenorhabditis elegans*）は無性の単為生殖と有性生殖を切り替えることができます。この線虫を用いた実験では，寄生者（セラチア菌：*Serratia marcescens*）の存在で単為生殖から有性生殖への切り替えが起こることが示されました（Morran et al., 2011）。それだけでなく，遺伝子操作で線虫を有性生殖もしくは単為生殖から切り替えることができない状態にしてセレチア菌と一緒にしたところ，有性生殖する線虫は生き残りましたが，単為生殖しかできない線虫は全滅してしまいました。やはり，有性生殖は寄生者との争いで有利なのです。

ここで最初のTシャツの臭い実験の話に戻りましょう。免疫系の遺伝子を混ぜ合わせることで親世代とは違う免疫遺伝子を子供世代に渡そうとする傾向（体臭によって配偶者を選ぼうとする傾向）は，やはり適応的なのだと考えられます。実際，これはマウスでも確認されています（Potts et al., 1991）。これらのことを踏まえると，私たちがパートナー選びの手がかりの1つとして体臭を使っているという話にも納得がいくでしょう。もちろん，私たちはこれを意識的に知っている必要はありません。相手の体臭を苦手だと思ったら，その相手を配偶者にするのは自然と避けるはずだからです。

2. 性淘汰と性的二型

（1）ダーウィンを悩ませたクジャクの羽

1859年に『種の起源』を発表したダーウィンは，自説ではうまく説明できない問題があることに気づいていました。それは，オスとメスの形質が大きく異なる動物が少なからず存在するということです。例えば，クジャクのオスには派手な飾りがついているのにメスは地味です。もし，派手な飾りが生存に有利なのであれば，同じような環境で暮らしているメスにも派手な飾りがあってしかるべきです。逆にメスのように地味な方が捕食者にみつかりにくく有利なのであれば，オスも地味であってしかるべきです。これは自然淘汰による進化という考え方からは説明できません。『種の起源』を出版した数年後，ダーウィンが知り合いの研究者に宛てた手紙には，かつては眼のような複雑な器官のことを考えると寒気がしていたが，（それが自然淘汰の考え方でうまく説明できることがわかった）今ではオスのクジャクの羽を見ると具合が悪くなるとまで書いています。

しかし，ダーウィンはただ嘆いていたわけではありません。『種の起源』から12年後に出版した『人間の由来』の中で，ダーウィンはこの問題を解決する新しい考え方を提示しました。それは**性淘汰**（sexual selection）という考え方です。自然淘汰は，自然環境に適応して，そこで生存・繁殖しやすい特性を作る遺伝子が増えるというものでした。それに対して，性淘汰では，メスが配偶相手を選り好みすることを前提にして，オス側にメスの好みへの適応（あるいはオス同士の競争への適応）が生じると考えます。つまり，自然環境への適応という意味では不利でも，配偶面で有利になるオスの特性を作る遺伝子は増えるということです。

メスがオスを選ぶ結果，選ばれる方の性と選ぶ方の性には形質の違いが生じます。このように同じ種の中でオスとメスの形質が大きく違うことは**性的二型**（sexual dimorphism）といいます。クジャクの羽以外にも，カブトムシの角やライオンのたてがみが性的二型の例です。

（2）ランナウェイ仮説とハンディキャップ原理

ダーウィンの性淘汰の考え方はすぐには受け入れられませんでしたが，1930年になると進化生物学者のロナルド・フィッシャーが，その著書の中で，メスが特定の好みをもってオスを選べば，その特性が暴走するように極端になることを指摘しました（Fisher, 1930）。この考え方は**ランナウェイ仮説**（runaway hypothesis）と呼ばれます（run away は「走り去る」という意味で，そこから runaway は「どんどん上がる」という意味の形容詞としても使われます）。

ランナウェイ過程が生じるのは，メスの好みを作る遺伝子とオスの特性（例えば，長い尾羽[1]）を作る遺伝子が同じ個体に相乗りするからです。というのは，長い尾羽をもっているオスは，長い尾羽を好んだメスの息子なので，母親から「長い尾羽を好む傾向の遺伝子」をもらっているはずです。つまり，長い尾羽のオスは長い尾羽を作る遺伝子と（メスに生まれたら）長い尾羽のオスを好む遺伝子の両方をもっていることになります。このオスがメスにもてる結果，多くの子供を残すとしたら，長い尾羽を作る遺伝子だけでなく長い尾羽を好む遺伝子にも淘汰がかかることになります。つまり，オスの尾羽がメスの好みに応じて長くなっても，メスの求める基準も上がり続けるという状況が生じます。このように選ばれる特性と選ぶ基準の両方に淘汰がかかることが暴走的な極端化の原因です。

ランナウェイ仮説によれば，オスの派手な飾りは暴走的に進化した適応上は役に立たない形質ということになります。これに対して，派手な飾りはオスがメスに対して自分の優れた特性を効果的にアピールするためのシグナルとして進化したという考え方を**ハンディキャップ原理**（handicap principle）といいます（Zahavi, 1975）。オスの派手な飾りは，プロのスポーツ選手が素人を相手にするときにハンデ（ハンディキャップの略）をつけるようなものだというのです。本当に強く健康なオスは，派手な飾りを引きずっていてもしっかり餌をとって，捕食者からも逃げることができるでしょう。しかし，体力や健康に問題を抱えているオスにはこういうことはできません。もし，優れた配偶者としての

1　ここではわかりやすく「長い尾羽」と書いていますが，オスのクジャクの飾り羽根について言えば，実際には胴から生えているので「尾羽」ではありません。

オスの資質がこのような飾りから透けて見えるのであれば，メスはそれを利用して優れた配偶者を選ぶように進化するはずです。

性淘汰とはメスの選り好みがオスだけがもつ形質（性的二型）の進化を促すという考え方です。そのような形質にはクジャクの羽のように理不尽なほどに過剰に見えるものがあります。なぜオスの飾りが過剰なものに進化するのか，この疑問に対する説明として，ランナウェイ仮説とハンディキャップ原理という考え方が提唱されています。これらは相互排反な説明ではなく，どちらもオスの派手な飾りの進化の説明として有効です。

（3）ヤング・メイル・シンドローム

それでは，私たちヒトにも性淘汰の結果としての性的二型が見いだせるのでしょうか。平均して男性の方が女性よりも体が大きいといった身体的な特徴は見られますが，オスのクジャクの羽ほど顕著なものではありません。ところが，結婚前の「若い男性（英語では young malc）」には，ヤング・メイル・シンドローム（young male syndrome）と呼ばれる一連のリスク追求的な行動傾向が顕著に見られます（Wilson & Daly, 1985）。

例えば，些細な言い争いが発端となり，ついかっとなって相手を殺してしまうという殺人は，現実の殺人事件の多数を占めます。このタイプの殺人はほとんどが20代から30代くらいの未婚の男性によるものです。**図5-1**は，1975年のアメリカの殺人の犠牲者の数（100万人に対する犠牲者数）を性別・年齢ごとに集計したものです。この図からも20代から30代の男性が殺人の犠牲者になりやすいことは明らかです。また，殺人の犠牲者と加害者では性別や年齢が一致することが多いので，加害者の方でもやはり20代から30代の男性が顕著に多いはず

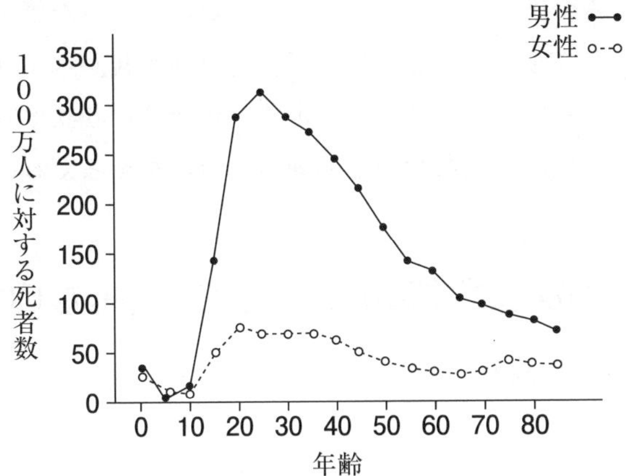

（出典：Wilson & Daly, 1985）

図5-1　性別・年代ごとの殺人犠牲者数（100万人に対する人数）　データは1975年のアメリカの犯罪統計に基づく

です。

また，あらゆる世代を通じて男性の方が女性よりも死亡率が高いのですが，この男女差は特に10代後半から20代で顕著です。さらに，この青年期・若年成人期の男性の高い死亡率は，病気ではなく事故に起因することが示されています。例えば，若い男性は，他の年代の男性・同世代の女性と比べても車を運転していて交通事故を起こす割合が高いのです。映画『理由なき反抗』で，主人公とそのライバルが崖に向かって車を走らせた例は極端すぎるとしても，リスク追求的な行動は，恋のライバルとの争いで有利になったり，時に配偶相手へのアピールにもつながると考えられます。

ここで再び「～である」と「～すべし」の区別に注意してください。ヤング・メイル・シンドロームが進化の産物だとしても，若い男性が危険な行為をするのは自然なことだから仕方ないといった価値判断を含む結論にはつながりません。むしろ，現代的な価値観からすれば，どのような至近要因が若い男性をリスク追求的な行為に駆り立てるのかを深く理解し，どうすれば危険な行為を抑制できるのかを考えることが推奨されるでしょう。

3．なぜメスの方がオスより子育てに熱心なのか？

（1）コンコルドの誤り

動物の世界を見渡してみると，メスの方がオスよりも子育てに熱心な傾向があります（Kokko & Jennions，2008）。哺乳類では 90 ％の種でメスだけが子育てをします。哺乳類では，オスだけが子育てをするという種はありません。夫婦が協力して子育てをするという点では，哺乳類よりも鳥類の方が参考になります。鳥類では 90% の種でオス・メス両方が子育てをします。ただし，子育てへの貢献度を比べると，メスの方がオスより子育てへの投資が大きい傾向があります。魚類はこの点では性役割が逆転しています。そもそも魚類の多くは子育てをしませんが，子育てをする種の場合，その多くでオスだけが子育てをします。魚類のような例外はあっても，全体として動物の世界ではメスの方が子育てに熱心なのですが，なぜそうなるのでしょうか。

よくある誤解は，メスとオスの生物学的な定義に基づくものです。メスはより大きな配偶子を作る方，オスはより小さな配偶子を作る方と定義されます。つまり，卵子と精子では卵子の方が大きいということです。その結果，受精が起こるまでに，メスの方がオスよりも多くの投資をすることになります。したがって，受精までに多くの投資をしたメスは，子育ての失敗による損失が大きいので，その後も熱心に子育てをするというわけです。もっともらしく聞こえるかもしれませんが，この考え方は，かつてフランスとイギリスが超音速旅客機コンコルドの開発をしていたときに犯した誤りを含んでいます（Kokko & Jennions, 2008）。**コンコルドの誤り**（Concorde fallacy）とは，回収見込みが立たない事業に，これまでに莫大な投資をしたというただそれだけの理由で拘泥してしまうことです。このことは，心理学では**埋没費用**（または**サンクコスト**）の誤りとして知られています（Arkes & Blumer, 1985）。

（2）もうひとつの誤解―オスの方が機会費用が大きい？

メスが卵子を作るために大きな投資をしたということで子育てに拘泥するとしたら，それはコンコルドの誤りです。子育てをするかどうかの決定は，それまでの投資の大小とは関係なく，今後の子育てにかかるコストとそれから得られる利益に基づき決定されるべきです。

ここで，オスとメスの「今後の」損得を考慮したように見えるもうひとつ別の誤解を紹介します。それは，子育てにかかる機会費用（子育てをすることによって失われる，それをしなければ得られたはずの利益）がメスよりもオスで大きいというものです。メスが作る卵子の数と比べて，オスは非常に多くの精子を作ることができます。すると，子育てをせずにオスが次の配偶機会を求めれば，オスはより多くの子孫を残すことができそうです。つまり，オスにとっては子育てに時間をかけることで失う利益が相対的に大きいということです。

この説明も一見もっともらしいのですが，オスの方がメスよりも多くの子孫を残すことができると単純に考えてしまうのは間違いです。ある動物の集団（メスが100匹，オスが100匹）が1世代に200匹の子供を残すとします。このとき，1匹のメスと1匹のオスがそれぞれ平均して何匹の子供の親になっているかを考えてみてください。どちらも200匹（子供）÷100匹で平均2匹の親になります。オスとメスの性比が1：1

に近くなるのは一般的なので，オスの方がメスよりもたくさん子供を残せるというのは間違いです。

（3）父性の不確実性とメスによる配偶者選択

それではメスが子育てに熱心なのはなぜなのでしょうか。答えは，やはりメスの方が子育てから得られる利益が大きいというものですが，考え方にひとひねり加える必要があります。例えば，10 匹の子供をどちらが育てるかを決めるとします。メスにとって自分が生んだ子供（または卵）が自分の子供（卵）であることは確実ですが，オスにとってはメスの卵子を受精させたのが本当に自分の精子かどうか不確かです。これを**父性の不確実性**（paternity uncertainty）といいます。父性の不確実性があるため，オスは 10 匹の子供をうまく育て上げても，必ずしも 10 匹の子供をもったことになりません（実際，他のオスの子供が混ざっていることもあるでしょう）。そのため，10 匹の子供を無事に育て上げたときの適応度上の利益は，オスよりもメスの方が平均して大きくなります（Queller，1997）。

父性の不確実性に加えて，もうひとつオスが子育てに熱心にならない理由があります（Queller，1997）。それはメスによる配偶者選択です。メスがどのオスと配偶するかを厳しく選ぶ結果，生涯を通じて繁殖機会に恵まれないオスがいる一方，多くのメスと子供を残すことができる成功オスがいます。繁殖機会に恵まれないオスが幸運にも子供をもっていたら，その子供たちを無事に育て上げることに心血を注ぐでしょう。しかし，あるオスにすでに配偶相手がいるという事実は，そのオスはメスにもてる成功オスであるということ，つまりこの後も別の配偶相手がみつかる可能性が高いことを意味します（力でライバルに勝つことができたオスはこの後もライバルを組み伏せることができる可能性が高いと考えても同じです）。したがって，配偶相手を首尾よくみつけて子供をもてたオスほど，子育てをしなければ次の配偶機会にも恵まれる可能性が高いので子育てに熱心ではないのです。

まとめると，男性よりも女性の方が子育てに熱心なように進化した究極要因は父性の不確実性とメスによる配偶者選択です。しかし，このことから，子育ては女性がするものだ（それが自然だ）という価値判断をしないように注意してください。ヒトの場合も，平均すれば男性は女性ほど子育てに熱心ではなさそうです。もしそうであれば，それを正当化したりせずに，いかに子育てに熱心な男性（いわゆるイクメン）を増やすか，至近要因の面から検討していくべきでしょう。

《学習課題》

1．ハンディキャップ原理によれば，オスの派手な飾りはプロのスポーツ選手が素人を相手にするときにハンデ（ハンディキャップ）をつけるようなものだと考えられます。ところが，配偶者をめぐる競争は，フェアプレイが求められるスポーツとは違います。自分の遺伝子を残す配偶競争において，わざわざハンデをつけるオスにはどのような適応上の利益があるのでしょうか。

【解説】　派手な飾りをつけていることは，多少のハンデがあってもやっていける強く健康な個体であることの疑いようのない証拠となります。そのため，メスは配偶相手を選ぶ際にその飾りを参考にするのです。その結果，ハンデをつけているオスにはメスから配偶相手として選ばれやすい（つまり，もてる）という適応上の利益が生じます。

2．赤の女王仮説によれば，寄生者と宿主の競争の結果として有性生殖が進化したと考えられます。なぜ寄生者と宿主の間の競争が性に関係するのでしょうか。
3．動物全般でオスよりメスの方が子育てに熱心である理由を2つ紹介しました。それぞれどのような理由であったか確認してください。

引用文献

Arkes, H. R., & Blumer, C. (1985). The psychology of sunk cost. *Organizational Behavior and Human Decision Processes, 35*(1), 124–140. https://doi.org/10.1016/0749-5978(85)90049-4

Darwin, C. (1871/1981). *The descent of man, and selection in relation to sex*. Princeton University Press. チャールズ・ダーウィン（著）　長谷川眞理子（訳）(2016).『人間の由来』(上・下)　講談社

Fisher, R. A. (1930). *The genetical theory of natural selection*. Clarendon Press.

Kokko, H., & Jennions, M. D. (2008). Parental investment, sexual selection and sex ratios. *Journal of Evolutionary Biology, 21*(4), 919–948. https://dx.doi.org/10.1111/j.1420-9101.2008.01540.x

Morran, L. T., Schmidt, O. G., Gelarden, I. A., Parrish, R. C., II., & Lively, C. M. (2011). Running with the Red Queen: Host-parasite coevolution selects for biparental sex. *Science, 333*(6039), 216–218. https://doi.org/10.1126/science.1206360

Potts, W. K., Manning, C. J., & Wakeland, E. K. (1991). Mating patterns in seminatural populations of mice influenced by MHC genotype. *Nature, 352*(6336), 619–621. https://doi.org/10.1038/352619a0

Queller, D. C. (1997). Why do females care more than males? *Proceedings of the Royal Society of London B, 264*(1388), 1555–1557. http://doi.org/10.1098/rspb.1997.0216

Ridley, M. (1993). *The Red Queen: Sex and the evolution of human nature.* Viking Books. マット・リドレー（著）　長谷川眞理子（訳）（2014）．『赤の女王―性とヒトの進化』　早川書房

Wedekind, C., & Füri, S. (1997). Body odour preferences in men and women: Do they aim for specific MHC combinations or simply heterozygosity? *Proceedings of the Royal Society of London B, 264*(1387), 1471–1479. https://doi.org/10.1098/rspb.1997.0204

Wilson, M., & Daly, M. (1985). Competitiveness, risk taking, and violence: The young male syndrome. *Ethology and Sociobiology, 6*(1), 59–73. https://doi.org/10.1016/0162-3095(85)90041-X

Zahavi, A. (1975). Mate selection — A selection for a handicap. *Journal of Theoretical Biology, 53*(1), 205–214. https://doi.org/10.1016/0022-5193(75)90111-3

参考図書

- マット・リドレー（著）　長谷川眞理子（訳）（2014）．『赤の女王―性とヒトの進化』　早川書房
- アモツ・ザハヴィ／アヴィジャグ・ザハヴィ（著）　大貫昌子（訳）　長谷川眞理子（監訳）（2001）．『生物進化とハンディキャップ原理―性選択と利他行動の謎を解く』　白揚社

6　配偶者選択

《学習のポイント》　第2章でも説明したようにヒトという種の生活史の特徴は，男性が子育てに貢献することです。そのため，ペア・ボンドを形成し（夫婦になり）協同で子育てをします。配偶者選択とは，この繁殖パートナーをどのように選ぶかという問題です。世界中の多くの国で配偶者選びの基準について調査をすると，男女共通して相手に求める特性と，女性だけ（または男性だけ）が相手に求める特性がありました。なぜ男女で共通する部分と男女差が見られる部分が出てくるのかを考えながら読み進めてください。

《キーワード》　ペア・ボンド，連続的単婚，身体的魅力度，ウェスト・ヒップ比

1．ヒトの配偶システム

（1）ペア・ボンド

第5章では私たちが知らず知らずのうちに体臭をパートナー選びに使っている可能性を示す研究を紹介しました。私たちがパートナーを選ぶとき，必ずしも選択基準（例えば，体臭を使っているということ）が意識的に理解されている必要はありませんが，「体臭がきつい人は嫌」というように部分的には意識されていることもあるでしょう。そのようにある程度意識されているパートナー選びの基準であれば，自己報告式の調査でも検討できるはずです。そして，それが進化によってヒトという種に備わった好みであれば，世界中どこで調査をしても同じような回答が得られるはずです。

このような観点から，進化心理学者のデヴィッド・バスは世界中の研究者に協力してもらい，大規模な国際比較調査を行いました（Buss et al., 1990）。この調査では，世界の37の文化圏（日本も含まれます）の男女に，配偶相手に求める特性としてありそうなものをリストにして示し，それぞれの特性を相手に求める程度を4段階で評価してもらったり，相手に求める順に並べてもらったりしました[1]。**表6-1**は，13種類の特性を示して相手に求める順に並べてもらった方の結果です。

表6-1からわかるように，37の文化圏のデータをひとまとめにした場合には，男女問わず相手に親切さや自分を理解してくれることを求め

表6-1　世界37の文化圏の男女が配偶相手に求める特性ランキング

順位	男性のランキング	女性のランキング
1	親切さ，理解してくれる程度	親切さ，理解してくれる程度
2	知性	知性
3	楽しい性格	楽しい性格
4	健康	健康
5	身体的魅力度	気楽な性格
6	気楽な性格	創造性・芸術性
7	創造性・芸術性	身体的魅力度
8	家事能力	子供をほしがっているか
9	子供をほしがっているか	収入見込み
10	家柄	大卒かどうか
11	大卒かどうか	家事能力
12	収入見込み	家柄
13	宗教心	宗教心

Buss et al.（1990）のTable 5を参考に作成

1　この調査で37ヵ国ではなくあえて文化圏と呼ぶのは，同じ国の中でも別々に分析されたデータがあるからです（具体的には，南アフリカの白人と黒人のデータ，イスラエルのユダヤ人とパレスチナ人のデータ，カナダのフランス語話者と英語話者のデータ，アメリカの本土とハワイのデータ）。

ていました。これが世界全体でもっとも優先順位が高い特性です。一方，少し違う 18 の特性リストについても 4 段階で評価してもらっていますが，そちらでも 37 の文化圏を合わせて分析すると，男女問わず「お互いへの愛」が平均してもっとも高く評価されていました。文化圏ごとに別々に見たときにも，ヨーロッパ，アメリカ，オーストラリアでは愛がもっとも重要な特性でした。アフリカやアジアでは愛の順位がやや下がる国もありましたが，その場合でも愛に準じるような特性（例えば，頼れる相手かどうか）の評価が高くなっていました。

第 2 章で見たように，ヒトは哺乳類としては例外的に男性が子育てに投資するという生活史をもっています。つまり，**ペア・ボンド**（pair bond）を形成し（＝夫婦になり）協同で子育てをするということです。配偶相手と一緒に適応度を大きく左右する協同作業をするのですから，相手が自分との関係にコミットしてくれていて信頼できることがなにより大切というのは理にかなっています。結婚前に互いに相手を愛していて，相手を理解し，親切にするというのは将来の協同作業（子育て）の成功にもつながるはずです。

（2）一夫多妻と連続的単婚

ヒトはペア・ボンドを形成すると述べましたが，質問紙調査が実施可能な文化圏での知見だけからそのような結論を導くことは果たして妥当なのでしょうか。ペア・ボンドを形成するということは一夫一妻（単婚）の配偶システムをもつと解釈されがちですが，民族誌のデータによれば，国家を形成していない多くの部族社会では一夫多妻が認められていて，一夫多妻が禁じられているか実質的にほぼ見られない社会は 17 %しかありません（Schacht & Kramer, 2019）。このように考えると，ヒトの基本的な配偶システムは一夫多妻ということにならないでしょうか。

ある社会が一夫多妻を認めているということと，その社会で実際にどの程度の男性が複数の女性と結婚しているかは分けて考えなければなりません。実際，ほとんどの狩猟採集社会で男性が複数の女性と結婚することは禁じられていませんが，複数の女性と結婚している男性は多くありません。どういうことだろうかと思われるでしょうか。まず，ほとんどの社会で男女比が1：1に近いということから，単純な例として男女10人ずつからなる社会を考えてみます。ある男性が2人の女性と結婚すると，女性8人と男性9人が残りますから，最低でも男性のうち1人が独身のままになります。そのため，2人目の女性と結婚しようとする男性は激しい競争にさらされるでしょう。もし，3人目，4人目の配偶者を得ようとすると競争はますます激しくなるはずです。つまり，一夫多妻が認められている社会であっても，すべての男性が複数の女性と結婚することはそもそもできませんし，多数の女性と結婚できる男性もほとんどいないのです。

また生物学的な特徴もヒトという種が一夫一妻に近い配偶システムをもっていることを示唆しています（Schacht & Kramer，2019）。例えば，男女の体格差をみると，ヒトは1頭のオスが群れのメスへの性的アクセスを独占するハーレムを築く種（例えば，ゴリラ）ほど大きくありません。ハーレムを築く種では，オス同士の争いが激しいため，オスはメスよりも相対的に大きく，犬歯もメスよりも大きくなる傾向があります。ゴリラのオスはメスよりも体重が2倍以上ありますが，ヒトの場合男性の体重は女性の1.15倍程度しかありません。また，群れの中のオスとメスのどちらも複数のパートナーと交尾するチンパンジーのような複雄複雌（乱婚）の配偶システムをもっていると，体に対して精巣が大きくなる傾向がありますが，ヒトの男性の精巣の大きさはチンパンジーと比べると小さいのです。

体格上の性的二型の程度・男性の精巣の大きさといった生物学的な特徴は，ヒトがペア・ボンドを形成する種であることを示唆します。ただし，ペア・ボンドが意味する内容について，ひとつ注意が必要です。ある一時点で見たら，婚姻関係にある男女にはパートナーが１人だけいるというケースがほとんどです。しかし，離婚率や再婚率は上昇しており，人生を通じて見ると複数のパートナーがいるということは少なくありません。実際，狩猟採集民の社会でも死別の後に別のパートナーと結婚するということは少なくないようです。こういった事情を考えると，ヒトの配偶システムは生涯特定のパートナーと添いとげるというものではなく，その時点時点では１人のパートナーがいるけれど，人生を通じてみると複数のパートナーがいる**連続的単婚**（serial monogamy）と呼ばれるシステムに近いと考えられます（Schacht & Kramer，2019）。

2. 配偶者選択基準の男女差

（1）配偶者選択基準の文化比較調査

先に紹介したバスらによる 37 の文化圏での調査は，男女が共通して相手に求める特性だけでなく，配偶者選択基準の男女差にも注目していました。男女差に関する結果は，近年，より大規模な 45 カ国調査で追試されています（Walter et al.，2020）。重要な結論については基本的に 30 年後でも変わっていませんでしたから，より新しい調査結果を参考に配偶者選択基準の男女差を確認しておきましょう。**図 6-1** には，各国でそれぞれの基準を男性が重視する程度から女性が重視する程度を引き算してグラフにしています。図の左側（マイナス側）は男性よりも女性の方がその基準を重視していることを意味します。一方，図の右側（プラス側）は女性よりも男性の方が重視していることを意味します。

図6-1に示されている特性を上から順に見ていくと，健康，親切さ，知性については，若干ではありますがほとんどの国で男性よりも女性の方が重視していることがわかります。中央の垂直線（男女の重視度が等しい線）から左右に誤差程度にしか離れていないデータも相当ありますから，すべての国で女性の方が男性よりもこれらの特性を重視しているわけではありません。バスらの研究でもこれらの特性については明確な性差は見られておらず，女性の方が男性よりもやや重視する傾向はあっても男女差は小さいという**図6-1**の結果は，おおむねバスらの結果と一貫していると考えてよいでしょう。

一方，バスらの研究で顕著な差が見られた特性については，この45カ国調査でも大きな男女差が観察されました。配偶相手の身体的魅力度は女性より男性の方が重視しています。これについては中央の垂直線付近にいくつかのデータが分布していますが，上の3つの特性と比べて男女差の絶対値が大きくなっています（身体的魅力度については，この章

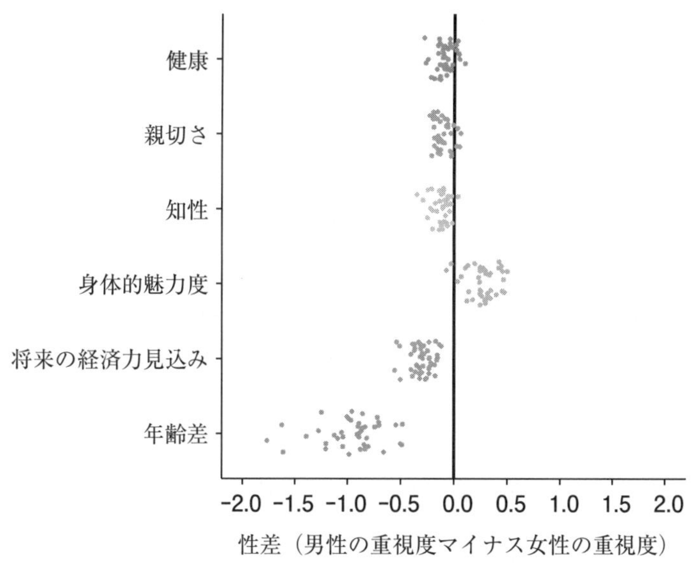

（出典：Walter et al., 2020）

図6-1　配偶者に求める特性と求める程度の男女差

の後半で詳しく検討します)。加えて，女性は配偶相手の将来の経済力見込みを重視しています。これについては程度の違いはありますが45カ国で例外はありませんでした。このことは，第2章で確認した男性の子育てへの貢献が子育ての成功の鍵になるというヒトの生活史の特徴から考えて妥当な結果です。

(2) 配偶者との年齢差

図6-1の一番下に示されている年齢については少し補足説明が必要になります。これは「理想の配偶相手の年齢」の男女差ではなく，現在つきあっているパートナーと回答者自身の年齢の差を示しています（婚姻関係にあるパートナーとの年齢差もデータに含まれていると推測されます)。詳しい説明は省きますが，すべての国のデータがマイナス側に分布しているのは，男性が年下・女性が年上のパートナーとつきあっている傾向を反映したものです。この傾向には45ヵ国で例外はありません。

ちなみに，女性の場合，自分自身の年齢にかかわらず平均して自分より2.5歳年上の相手とつきあっていました。例えば，20歳の女性のパートナーの平均年齢は22.5歳くらい，40歳の女性のパートナーの平均年齢は42.5歳くらいだったということです。一方，男性の場合，自分自身の年齢が上がるにつれて相手との年齢差が開いていく傾向がありました。これは，20代の男性がつきあっている女性は自分よりほんの少し年下であるのに（例えば，相手が20歳年下というのは現実的ではありません)，40代の男性では自分よりかなり年下（例えば，20歳年下）の相手とつきあっていることもあるということを反映しています。

また，この調査を含めて，男性の中では10代の少年の好みが例外的で，自分より年上の女性に惹かれることが知られています（Kenrick et al., 1996)。ティーンエイジャーが少し年上の女性に夢中になるというのは青春映画の主題のようですが，実際に調査をしても，このような傾向が見られるのです。これは，10代の少年にとっては自分より年下の女の子ではなく，年上の女性の方が繁殖成功度が高い配偶相手だからと説明されます。

3. 身体的魅力度

（1）顔の魅力度

男性は女性よりも相手の身体的魅力度を重視するという国際比較調査の結果を紹介しました。身体的魅力度としてまず思いつくのは顔の魅力度でしょう。ヒトの場合，進化と結びつけて理解される顔の魅力度として，対称性，平均顔，性的二型があります（Little et al., 2011；Rhodes, 2006)。対称性と平均顔については，本当に適応として理解できるのかという議論があり，第15章で改めて紹介します。ここでは男女の顔に見られる性的二型について考えます。

男性的・女性的な顔の特徴は，思春期に性ホルモンの影響により第二次性徴として現れます。男の子はテストステロンの影響であご，頬骨，眉弓が発達し，ひげが生え始めます。一方，女の子の場合，エストロゲンの影響でこれらの発達は抑制され，唇がふっくらとしてきます。男性ではテストステロン濃度は免疫のはたらきを抑制するため，男性性の高い顔については，免疫のはたらきを多少犠牲にしても男性性の高い顔に成長することができたというハンディキャップ原理に基づく説明がなされます。一方，女性性の高い顔はエストロゲンの濃度とかかわっており，繁殖度の指標となっている可能性が指摘されています。

それでは，これらの特徴をもつ顔はそれぞれ異性にとって魅力的なのでしょうか。これについては，女性性の高い顔の女性ほど男性にとって魅力的であるという知見はかなり一貫しています。一方，男性性の高い顔の男性が女性にとって魅力的であるかどうかは研究結果が必ずしも一貫しません。例えば，少女漫画に出てくる「かっこいい」とされる男の子は女の子のような顔をしていることがありますが，実際，女性性の高い男性の顔の方が魅力的とされるという研究結果もあります。

そして，調べるまでもないと思われるかもしれませんが，顔の魅力度は配偶で有利であることも調査データによって確認されています。アメリカで1920年から1929年の間に生まれた人達について，定期的に顔写真を撮り（顔写真は研究協力者がひとつひとつどれくらい魅力的かを評定しました），病歴等を記録した縦断調査があります。この調査データによれば，写真の魅力度が高いと判定された人ほど若くして結婚していました（Kalick et al., 1998）。

ちなみに，この研究グループの真の目的は，魅力的なほど早く結婚するという常識的なことを確認するだけでなく，顔の魅力度は健康とも関係するのかを調べることでした。このことを検証するため，調査対象になった人達を顔の魅力度で上位50%と下位50%の2つに分けて，別々に分析しています。その結果，相対的に魅力度が低いグループでは，成人後の顔の魅力度が高いほど健康であるという関係がみられました。しかし，相対的に魅力度が高いとされたグループでは，顔の魅力度と健康の関連は見られませんでした。ひとつの可能性として，病歴が顔からもわかるような大きな健康上の問題があると，魅力度も非常に低い（平均より低いグループの中でも低い）と評定されるということが考えられます。しかし，そのような極端なケースを除けば，顔の魅力度で配偶相手を選んでも，健康な相手を選ぶことにはならないようです（Zebrowitz & Rhodes, 2004）。

(2) ウェスト・ヒップ比

男性の方が女性よりも配偶相手の身体的魅力度を気にしがちだということが比較文化研究で示されていました。男性は女性性の高い顔だけでなく，くびれたウェストにも魅力を感じると考えられています。進化心理学では，女性のくびれたウェストの指標として，ヒップに対するウェストの比率である**ウェスト・ヒップ比**（waist-hip ratio または waist-to-hip ratio）が用いられます（Singh，1993）。例えば，1920 年代から 1980 年代までのミスアメリカについて調べると，時代を経るにつれて痩身の女性が好まれるようになっている（好みの変化が見られる）にもかかわらず，ウェスト・ヒップ比の方は 0.7 くらいで安定しています。つまり，ミスアメリカに選ばれた女性は，時代を通じてウェストがくびれていたということです[2]。

ところが，その後，狩猟採集民など伝統的な社会では必ずしもウェスト・ヒップ比が小さい女性が好まれないことが示されました。例えば，アフリカのハッザ族の男性に正面から見た女性の絵を提示して魅力度を尋ねたときには，ウェスト・ヒップ比が大きい方が好まれました。つまり，少しふくよかな女性の絵の方が好まれたということです。ただし，女性の場合，胸や臀部（でんぶ）に脂肪が集まるので，正面から見たときに多少ふくよかであったとしても（特にウェストがくびれて見えないとしても），ウェスト回りとヒップ回りをきちんと測定すれば，臀部に蓄積した脂肪を含むヒップ回りの方がウェスト回りよりも大きくなるかもしれません。この場合，横から見ればやはりウェストがくびれて見えるでしょう。実際，臀部への脂肪の蓄積の程度を変化させた女性の絵（横から見た絵）を用いて，ハッザ族の男性とアメリカ人男性に，それぞれの絵の魅力度を評価してもらったところ，ハッザ族の男性もアメリカ人男性も臀部にほどほどに脂肪が蓄積した絵（つまり横から見てヒップに対して

2　ウェスト・ヒップ比は，ヒップを1としたときのウェストの幅なので，その値が小さいほどウェストがくびれていることを意味します。

ウェストがくびれて見える絵）を魅力的と評価しました（Marlowe et al., 2005）。

それでは男性がウェスト・ヒップ比の小さい女性を好むことの適応的な意味は，何なのでしょうか。例えば，ウェスト・ヒップ比が小さい女性ほど生涯にたくさんの子供をもてるのであれば，ウェスト・ヒップ比の小さい女性を選ぶことは適応的です。ところが，実証研究の結果によれば，必ずしもそのような関係はなさそうです。

一方，7つの伝統的社会で925人の女性のウェスト・ヒップ比を調べた研究では，**図6-2**に示すように，これまでに生んだ子供の数が多いほどウェスト・ヒップ比が大きくなるという関係が（女性のBMI，年齢，民族の効果を統計的に統制しても）みられました（Butovskaya et al., 2017）。したがって，それぞれの女性が生涯に生むことができる子供の数に限界があるとすれば，ある時点でウェスト・ヒップ比の小さい

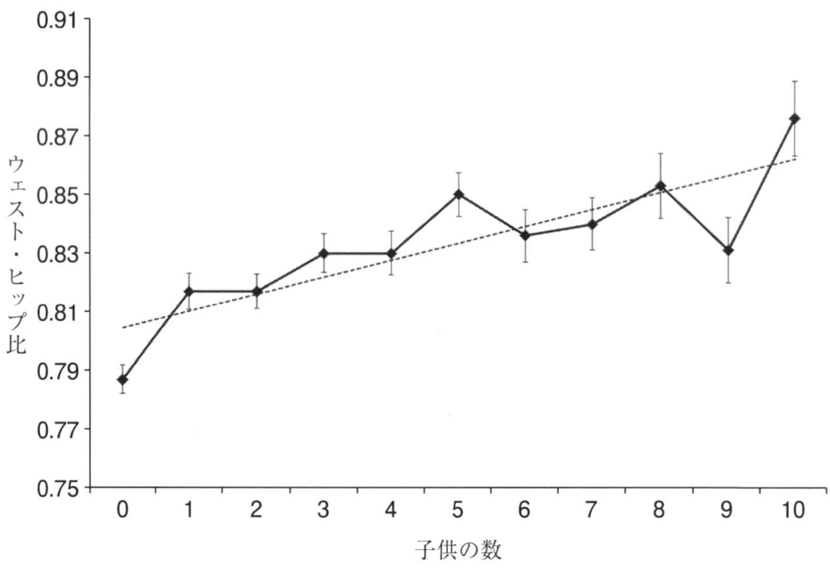

（出典：Butovskaya et al., 2017）

図6-2　これまでに生んだ子供の数とウェスト・ヒップ比の関係（実線は子供の数とウェスト・ヒップ比の観測値同士をつないだもの，破線は観測値から推測される直線的関係を示している）

女性ほどそれ以降に多くの子供を生むことができるということを意味しています。

ウェスト・ヒップ比は進化心理学ではよく知られた研究テーマです。しかし，ウェスト・ヒップ比の小さい女性をパートナーとして選ぶことの適応的な意味は必ずしも自明ではありません。また，本当に男性にウェスト・ヒップ比の小さい女性に魅力を感じる傾向が進化的に備わっているとみなしてよいのか，今後，より詳しい検討が必要です。

（3）再び「～である」vs.「～すべし」問題

このように見てくると，男性が女性の身体的魅力度を重視する進化的理由は，どうしてもその特徴が女性の繁殖力と関連するという説明になることがわかります。一方，女性が男性の経済力を重視するというパターンも，女性が男性に経済的に依存するという伝統的なジェンダー観とつながってしまうように感じられます。そのため進化論的な説明に不快感を覚えるかもしれません。しかし，ここでも「～である」と「～すべし」の違いに気をつけてください。私たちの心のはたらきが進化の過程で形成されたとすれば，そのような心のはたらきに影響する遺伝子が増えること，つまり子供を通じて次世代に伝わることがどうしても必要です。そのため，進化論的に意味のある配偶者選択の基準は，どうしても特定のパートナーを選ぶと多くの子供を繁殖可能年齢まで無事に育て上げることができるかということに行き着きます。

この章の最後に，このような進化論的な議論はあくまで「～である」を示すだけで，「～すべし」という価値判断に直接つながらないということを改めて強調しておきたいと思います。というのは，ここで「～である」と「～すべし」を履き違えると，「子供をもつことが動物として自然だから善いのだ」「同性愛では子供を生むことができないから善くない」といった考え方に容易につながってしまうからです。さらに個人の権利（例えば，それぞれの夫婦が子供をもつかもたないかを決定する権利）の侵害にもつながりかねません。「〜である」という実証研究の知見は，「こういう傾向がありそうだが，それならどうしたらよいのだろう」という価値判断をする際の判断材料のひとつにはなります。ですが，「『〜である』，ゆえに『〜すべし』」というふうに短絡的に特定の価値判断をすることは決してできません。

《学習課題》

1．配偶相手（結婚相手）に求める特性のうち，優先順位に男女差があるものはどのような特性でしたか。また，それは男性と女性のどちらが重視するものでしたか（すぐに答えられない場合，**表 6-1**，**図 6-1** について復習してください）。

2．「夫婦が子供を作るのは自然なことだから，同性愛のカップルを認めるべきではない」という主張をする人がいるとします。この主張に反論してください。

引用文献

Buss, D. M., Abbott, M., Angleitner, A., Asherian, A., Biaggio, A., Blanco-Villasenor, A., Bruchon-Schweitzer, M., Ch'u, H-.Y., Czapinski, J., Deraad, B., Ekehammar, B., El Lohamy, N., Fioravanti, M., Georgas, J., Gjerde, P., Guttman,

R., Hazan, F., Iwawaki, S., Janakiramaiah, N., ... Yang, K.-S. (1990). International preferences in selecting mates: A study of 37 cultures. *Journal of Cross-Cultural Psychology, 21*(1), 5–47. https://doi.org/10.1177/0022022190211001

Butovskaya, M., Sorokowska, A., Karwowski, M., Sabiniewicz, A., Fedenok, J., Dronova, D., Negasheva, M., Selivanova, E., & Sorokowski, P. (2017). Waist-to-hip ratio, body-mass index, age and number of children in seven traditional societies. *Scientific Reports, 7*, Article 1622. https://doi.org/10.1038/s41598-017-01916-9

Kalick, S. M., Zebrowitz, L. A., Langlois, J. H., & Johnson, R. M. (1998). Does human facial attractiveness honestly advertise health? Longitudinal data on an evolutionary question. *Psychological Science, 9*(1), 8–13. https://doi.org/10.1111/1467-9280.00002

Kenrick, D. T., Keefe, R. C., Gabrielidis, C., & Cornelius, J. S. (1996). Adolescents' age preferences for dating partners: Support for an evolutionary model of life-history strategies. *Child Development, 67*(4), 1499–1511. https://doi.org/10.1111/j.1467-8624.1996.tb01810.x

Little, A. C., Jones, B. C., & DeBruine, L. M. (2011). Facial attractiveness: Evolutionary based research. *Philosophical Transactions of the Royal Society B, 366*(1571), 1638–1659. https://doi.org/10.1098/rstb.2010.0404

Marlowe, F., Apicella, C., & Reed, D. (2005). Men's preferences for women's profile waist-to-hip ratio in two societies. *Evolution and Human Behavior, 26*(6), 458–468. https://doi.org/10.1016/j.evolhumbehav.2005.07.005

Rhodes, G. (2006). The evolutionary psychology of facial beauty. *Annual Review of Psychology, 57*, 199–226. http://doi.org/10.1146/annurev.psych.57.102904.190208

Schacht, R., & Kramer, K. L. (2019). Are we monogamous? A review of the evolution of pair-bonding in humans and its contemporary variation cross-culturally. *Frontiers in Ecology and Evolution, 7*, Article 230. https://doi.org/10.3389/fevo.2019.00230

Singh, D. (1993). Adaptive significance of female physical attractiveness: Role of waist-to-hip ratio. *Journal of Personality and Social Psychology, 65*(2), 293–307. https://doi.org/10.1037/0022-3514.65.2.293

Walter, K. V., Conroy-Beam, D., Buss, D. M., Asao, K., Sorokowska, A., Sorokowski, P., Aavik, T., Akello, G., Alhababhba, M. M., Alm, C., Amjad, N., Anjum, A., Atama, C. S., Atamtürk Duyar, D., Ayebare, R., Batres, C., Bendixen, M., Bensafia, A., Bizumic, B., … Zupančič, M. (2020). Sex differences in mate preferences across 45 countries: A large-scale replication. *Psychological Science, 31*(4), 408–423. https://doi.org/10.1177/0956797620904154

Zebrowitz, L. A., & Rhodes, G. (2004). Sensitivity to "bad genes" and the anomalous face overgeneralization effect: Cue validity, cue utilization, and accuracy in judging intelligence and health. *Journal of Nonverbal Behavior, 28*(3), 167–185. https://doi.org/10.1023/B:JONB.0000039648.30935.1b

参考図書

● ジャレド・ダイアモンド（著）　長谷川寿一（訳）（2013）．『人間の性はなぜ奇妙に進化したのか』　草思社

7 短期的配偶

《学習のポイント》 ヒトはペア・ボンドを形成する種だとしても，浮気が原因で別れるカップルも少なくありません。浮気をする傾向というのは，ペア・ボンドを形成する傾向の正反対のものに思われます。このような矛盾する行動を導く傾向が，どちらも進化の産物ということはありえるのでしょうか。また，浮気というと男性がするものという印象があるかもしれませんが，異性愛の浮気であれば常に同じ数（のべ人数ですが）の男女がかかわっているはずです。そうすると男性の方が浮気に熱心というのは間違った理解なのでしょうか。また，このような浮気につながる心理傾向は，自身の遺伝子を次世代に残すという意味では適応的だったと考えられますが，現代の価値観からすると問題の多い傾向です。「～である」から「～すべし」を導いてはいけないということも再確認しておきましょう。

《キーワード》 短期的配偶戦略，長期的配偶戦略，性的意図の過剰知覚

1．短期的配偶戦略

（1）鳥類の場合

ヒトはペア・ボンドを形成して，男女が協同で子育てをします。しかし，その一方で，例えば有名人の不倫のニュースは次から次に出てきます。このことは，ペア・ボンドを形成する一方で，短期的な関係をもつ人もいることを意味しています。特定の相手とペア・ボンドを形成する（そして，多くの場合，協同で子育てをする）ことを**長期的配偶戦略**（long-term mating strategy）をとるといいます。その一方，一夜限り

の関係をもったり，長期的なペア・ボンドを前提としない関係をもつことを**短期的配偶戦略**（short-term mating strategy）をとるといいます。

ところで，長期的配偶戦略と短期的配偶戦略の両方が観察されることこそヒトの配偶システムが進化的に決定されていない証拠だということにはならないでしょうか。このような疑問が出るとしたら，ヒトについて考えているからでしょう。そこで，2つの配偶戦略がひとつの種の中で同時に用いられることは珍しくないことを理解するために，鳥類の場合について説明します（哺乳類にはペア・ボンドを形成する種がほとんどいないのであまり参考になりません）。

皆さんもツバメ等の鳥のつがいが仲睦まじく子育てをしている様子を見たことがあるでしょう。つがいで懸命に子育てをしている鳥を見ると，短期的配偶戦略とは無縁のように思えます。かつては鳥類学者もそのように考えていました。ところが，遺伝子検査を用いてヒナたちの血縁関係を精査できるようになると，1つの巣に父親の違うヒナがかなりの頻度で混ざっていることがわかってきました。研究者が一夫一妻とみなしていた鳥であっても，平均して11.1％のヒナはつがい外交尾で生まれているのです。そして，つがい外交尾の証拠がみつかっていない種は一夫一妻で子育てをする鳥類の中の25％以下しかいないのです（Griffith et al., 2002）。

多くの鳥でつがい外交尾の証拠があるということは，長期的配偶戦略と短期的配偶戦略を使い分けることが進化の結果として珍しくないことを意味するだけでなく，第5章で紹介した父性の不確実性が，オスにとっての現実の適応問題であることを再確認させてくれます。例えば，つがいのオスとメスが繁殖シーズンに協同で5羽のヒナを無事に育てたとします。このとき1羽がつがい外交尾のヒナであれば，メスは5羽の子孫を残したのにオスは4羽の子孫しか残していないことになります。

オスはこのメスとの適応度の差を何らかの形で埋めているはずです。例えば，子育てへの努力を減らして，新たな配偶機会を求めるかもしれません。実際，つがい外交尾が多い種ほどオスの子育てへの貢献が必須ではないというデータもあります。

（2）ヒトの場合

それでは，ヒトの場合には父親が気づいていない婚外子はどれくらいの割合になるのでしょうか。これについて，10％くらいと報告されることもありますが，これは少し過剰推定されていると思われます。こういった推定値は，遺伝子検査の結果，父親と子供に遺伝的関係がないと判明したケースの割合に基づいています。遺伝子検査を用いたということだけであれば，鳥類の場合と同じですが，ヒトの場合は父親が自身と「自分が育てている子供」との間の血縁関係を疑っている場合に遺伝子検査を受けやすいというバイアスがあるかもしれません。父親がそのような疑いをもつからには，子供が自分に似ていないとか，配偶者が不貞をはたらいていた疑いがあるとか，何らかの理由があるはずです。そのようなグレイな事例だけを集めれば，婚外子の割合はどうしても過剰推定されてしまいます。こういったデータだけを集めると，ヒトの婚外子の割合は14.3％から55.6％（中央値は29.8％）となります（Anderson, 2006）。中央値で考えると約3人に1人が婚外子ということになりますが，これはいくらなんでも多すぎます[1]。

そのような疑い事例を含まないデータに注目すると，婚外子の割合の推定値はずっと穏当な値になります。この場合は，婚外子の割合は0.4％から11.8％（中央値は1.7％）となります（Anderson，2006）。調査対象となった社会（あるいは調査方法）によってかなり大きな違いがありましたが，この分析に含まれる22のデータのうち16のデータで

1　中央値はメディアンともいいます。データを小さい方から大きい方に順に並べていって，ちょうど真ん中にくる値のことです。

は婚外子の割合は３％以下です。ただし，この割合が少し低く推定されている可能性にも注意してください。というのは，この分析に含まれているのは婚姻関係にあるカップルとその子供だけだからです。未婚のカップルの方がパートナー関係外で子供をもうけている確率は高いと予想されます。

ヒトの場合，どうしてもランダムに調査対象をサンプリングして遺伝子検査を実施することができないので，推定値はなんらかのバイアスを含んだものになってしまいます。つまり推定値にどれくらい代表性があるか疑問が残ります。また，地域差，文化差もあるはずですが，複数の地域・文化で同じサンプリング方法を用いて（同程度の代表性をもたせて）調査した事例もないので，婚外子の割合を規定する社会的要因も必ずしもよくわかっていません。しかし，グレイな事例に偏らない検査結果を集めたときの中央値が1.7％ということから，ヒトの婚外子の割合はさほど高くないとは言えそうです。

2. 配偶戦略の男女差

（１）男性の方が短期的配偶に熱心か？

短期的配偶戦略とは，長期的なペア・ボンドを伴わない関係を求めることです。第２章で見たように父親のサポートは子供の適応度を上昇させます。シングルマザーが苦労することは（程度の違いはあるかもしれませんが）現代環境でも進化的適応環境でも同じはずです。一方，男性にとっては，短期的配偶戦略により自分が子育てに貢献する必要のない子供の数を増やすことができれば，そしてその子が運よく繁殖可能年齢まで成長すれば，コストをかけずに自身の適応度を上昇させることになります。したがって，男性の方が女性よりも短期的配偶に積極的であると予測できます（Buss & Schmitt，1993）。

この予測は様々な調査により支持されています。**図7-1**は，1ヵ月，半年，1年……一生涯までの様々な期間に性的関係をもちたいパートナーの数を男女ごとに平均したものです（アメリカ人の大学生が調査対象です）。どのタイミングで見ても，男性の平均値の方が女性の平均値を上回っています。例えば，図の左端でも男性の平均の方が女性の平均

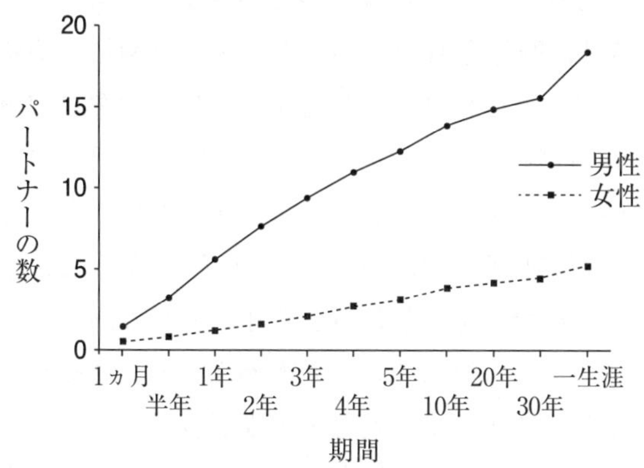

（出典：Buss & Schmitt，1993）

図7-1　一定期間に関係をもちたいパートナーの人数の男女差

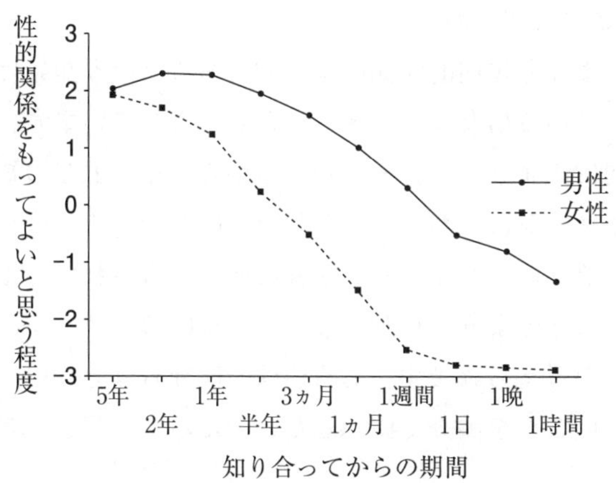

（出典：Buss & Schmitt，1993）

図7-2　性別・知り合ってからの期間ごとの性的関係をもってもよいと考える程度

より少し高くなっていますが，これはこの先1ヵ月間に何人の相手と性的関係をもちたいかという質問に，男性の方が女性よりも多くの相手と関係をもちたいと答えたということです。

また，男性の方が女性よりも知り合ってからの時間が短くても相手と性的関係をもってもよいと考える傾向があります。**図7-2**は，知り合ってからの期間がどれくらいあれば相手と性的関係をもってもよいと思うかを－3点（絶対に関係をもたない）から3点（絶対に関係をもってもよい）で回答してもらった調査結果です（やはり対象はアメリカ人の大学生です）。図の右側ほど知り合ってからの期間が短いのですが，女性については1時間，1晩，1日では平均値が－3点に極めて近いので，ほぼ全員が「絶対に関係をもちたくない」と回答したことがわかります。一方，男性の場合，平均値は0より小さくはなっていますが，絶対にありえないというほどではないことがわかります。結局，この調査では，知り合ってから5年間は，女性の方が男性よりも相手と性的関係をもってもよいと考える程度が低いままであるという結果になっています。

（2）男女差は口先だけか？

男性が女性よりも短期的配偶に積極的であるという知見は，私たちが一般的にもっている男女差のイメージとも一貫しています。しかし，そういった世間に流布したイメージがあるからこそ，上記の知見は，回答者が世間のイメージに合わせて回答しただけということはないでしょうか。例えば，そういったイメージが社会的に共有されていると思っていると，実際にはそのように行動しないのに世間のイメージに合わせた回答をすることが考えられます。あるいは，研究者はそういった世間のイメージが正しいことを調査で確認したいのだろうと察した参加者が，研究者の期待に沿った回答をするかもしれません。これは**要求特性**（demand characteristics）の問題といって，自己報告式の研究全般の結果の信憑性に影響します。

それでは，男性は本当に女性よりも短期的配偶に積極的なのでしょうか。この問いについては，極めて大胆な実験によって男性の積極性が単に口先だけのものではないことがわかっています（ただし，実験を実施した研究者自身は，こんな結果を予測していなかったと思われます）。この実験は，大学のキャンパスを歩いている大学生が同じ年頃の異性から突然声をかけられたときに，声をかけてきた異性の誘いに応じるかどうかを調べるというものでした（Clark & Hatfield，1989）。

声をかける方の学生（実験協力者）は，実験社会心理学の授業の受講生で，この実験の実施にボランティアとして協力を申し出た男女それぞれ5人でした。彼らは大学のキャンパスのいくつかの場所で，見ず知らずの魅力的な異性（機会があれば実際につきあってもよいと思うくらい魅力的な異性）に声をかけるように指示されました。そして，その相手に近づき「キャンパスであなたのことを見かけて気になっていました。あなたはとても魅力的です」と言った後，条件に応じて次の3つのうちどれかひとつの台詞を相手に告げました。①「今夜一緒に食事に行きませんか」，②「今夜，私のアパートに来ませんか」，③「今夜，私とベッドを共にしませんか」。

突然キャンパスで声をかけられた異性からこんなふうに誘われたとき，一体，どうするでしょうか。今晩一緒に食事に行きましょうという①の誘いの場合，男性の50％，女性の56％が承諾してくれました（男女差はありませんでした）。ところが，アパートに来ませんかという②の誘いに応じた女性は6％しかいなかったのに，69％の男性がこれに応じたのです。さらに，③の誘いに応じた女性はいなかったのに，

75 %の男性がこの誘いに応じたのです。同じ研究者が4年後に同じ実験を行っていますが，結果はほとんど同じでした。

この結果は，少なくとも短期的配偶への積極性について世間一般に流布しているイメージは間違っていないことを意味しています。さらに，それだけでなく，断り方の男女差も世間一般のイメージの正しさを裏づけるものでした。女性の実験協力者の誘いを断る男性の多くは「他の女性とつきあっているんだ」等と理由を説明し，申し訳なさそうにしていたそうです。一方，男性の誘いを断る女性の反応は「冗談はやめて」「どこかおかしいんじゃないの」といったものだったということです。

（3）女性の短期的配偶戦略の進化

このような世間一般のイメージの正しさを改めて確認すると，短期的配偶戦略は男性がとるものと理解してしまうかもしれません。しかし，短期的配偶の直接的証拠が婚外子のデータであることからわかるように，短期的配偶関係には（当事者が同性愛のカップルでなければ）男女双方が関係しているものです。

しかし，男性が短期的配偶戦略をとることの適応上のメリットは自明ですが（子育てに貢献する必要のない子供ができる可能性がある），女性が短期的配偶戦略をとる適応上のメリットは自明ではありません。また，男女問わず短期的配偶戦略をとることにはデメリットもあります。例えば，多くのパートナーをもつことで性病に罹患するリスクは高くなり，性的にだらしないといった悪い噂がたつこともあります。

こうしたデメリットがあるにもかかわらず女性が短期的配偶戦略をとること（があること）について，複数の進化論的な仮説が提唱されています。これらの仮説は，それぞれが想定する短期的配偶の適応上のメリットによって5つに大別されます（Greiling & Buss，2000)。①物質的利益（例えば，性的関係と金銭や食料といった資源を交換している，関係をもつ相手からの保護を得ているといった説明）。②遺伝的利益（例えば，長期的配偶パートナーよりも能力的に優れた相手の遺伝子を子に授ける，自分の子供の遺伝的多様性を高めるといった説明）。③パートナー交換（例えば，現在の配偶者からの乗り換えや離婚の準備になるという説明）。④スキル向上（例えば，将来のパートナーを魅了する技術を磨いているという説明）。⑤配偶者の操作（例えば，夫の浮気への報復として短期的関係をもち，夫が将来二度と浮気をしないように戒めているという説明）。これらの仮説の正しさについては今後の検討が必要ですが，こうしてみると，女性の側にも短期的配偶戦略をとる適応上のメリットがありそうだということは理解できます。

ここでは，男女（の少なくとも一部の人には）それぞれ短期的配偶を行うことに適応上のメリットがあるということを確認しました。ここでも「～である」と「～すべし」をきちんと区別してください。ヒトには長期的配偶戦略を基本としながら短期的配偶戦略も用いる傾向があり，それは適応上のメリットがあったからだろうという事実は，「浮気をしてもよい」とか「浮気をしてはいけない」といった価値判断とは切り離して考えなければいけません。もう少し微妙な「ヒトに進化的に備わった傾向だから仕方ない」と考えることも，「～である」から倫理的に許容できるかどうかという価値判断に踏み込んでいるので注意してください。

3. 性的意図の過剰知覚

（1）性的意図推測の男女差

男性の方が短期的配偶に熱心だという一般に流布した信念には根拠があることがわかりました。これに加えて，相手に性的意図がありそうかどうかの推測にも男女差があります。男性には誤って女性の性的意図を過大に推測してしまう傾向があるのです（Farris et al., 2008）。例えば，男女のやりとりをおさめたビデオを男性と女性の参加者に観てもらい，やりとりの中で性的な意図を感じさせる部分があったかどうかを尋ねると，男性の方が女性よりもそのような部分があったと回答する傾向があります。特に女性の側の性的意図が曖昧な場面（例えば，女性が男性とカフェで会うという場面）では，男性が女性よりも性的意図を知覚しやすいという傾向が多くの研究で一貫して確認されています。それに対して，女性が男性のアパートに行くことに同意したというように，性的意図が強く推測される場合には，性的意図知覚の男女差はなくなります。

それでは，なぜ男性は女性の性的意図を過剰知覚する傾向があるのでしょうか。男性にとっては短期的配偶の機会があったときに，その機会をみすみす逃してしまう間違いは適応度を大きく下げることになります。その一方，本当は相手に性的意図がないけれど，性的意図があると勘違いして相手にアプローチしても，そもそも自分に関心のない女性から嫌われるくらいでさほど大きな適応上の不利益は生じません。この2種類の間違い（相手の性的意図を見落とす vs. 実際は性的意図のない女性に言い寄る）に伴うコストの大きさの非対称性のため，男性にはより大きなコストを伴う間違いを避ける傾向が備わったと考えられます（Haselton & Buss, 2000）。つまり，女性の性的意図（短期的配偶機会）を見落とすというしくじりを避けるため，女性の性的意図の手がかりに過剰に反応するようになっているということです。これは第9章で扱うエラー管理理論の考え方です。

（2）実社会での問題

男性による女性の性的意図の過剰知覚は，平たく言えば，「彼女は僕に気があるみたい」という勘違いを男性がしやすいということで，ドラマやコメディで滑稽に描かれることも少なくありません。しかし，この傾向は実社会での問題を引き起こしている可能性があります。

第一にセクシャル・ハラスメントにつながっている可能性が指摘されています（Browne, 2006）。例えば，1990年代のことですが，とあるアメリカのスーパーマーケットで「笑顔で，お客さんの目を見て，相手を名前で呼ぶ」ことを義務づける接客マニュアルが導入されました。客にとっては望ましいことだったに違いありませんが，困ったことに女性店員が客からのセクシャル・ハラスメントに遭う被害も増えたということです。笑顔の女性店員に接客された男性客の中には，女性店員に性的意図があると勘違いした人もいたのでしょう。女性店員に性的に言い寄ったり，ストーキングをすることさえあったそうです。

第二に，強制わいせつともつながっている可能性があります（法律上は強制わいせつと強制性交とは分けられるのですが，ここではそこまで厳密に区別しません）。性的意図の過剰知覚が問題になるのは，レイプの多くがデート・レイプといわれるような，面識のある相手との合意のない性行為だからです。例えば，平成27年版の犯罪白書によれば，親族によるものも含めて強姦事件の半分以上は被害者と加害者に面識があります。こうした事件（の少なくとも一部）は，男性が相手の性的意図を誤解した結果起こっている可能性があります（Farris et al., 2008）。

進化心理学的な研究とは少し離れますが，性的意図の過剰知覚には個人差もありそうです。例えば，性的意図の過剰知覚傾向が高いと報告されているのは次のような男性です：レイプについて被害者にも責任があるのだといった態度をもっている男性，伝統的な性役割についての考え方を受け入れている男性。また，アルコール摂取が過剰知覚傾向を上昇させる可能性を示す研究もあります。

ここでは，「～である」から「～すべし」や「進化の産物だから仕方ない」といった結論を導くことはできないということを確認するだけでは足りないでしょう。私たちの行動に直接的に影響するのは至近要因であることを思い出してください。進化心理学の研究の応用的意義は，このような過剰知覚がある根拠（究極要因）を示すだけでなく，その至近要因を詳しく検討し，セクシャル・ハラスメントや強制わいせつのような犯罪を減らすことに貢献していくことにあると考えられます。

《学習課題》

1．短期的配偶関係には男女それぞれがかかわっていて，かかわった人数（のべ人数）に男女差はないはずです。それにもかかわらず，実証研究の結果は，男性の方が女性よりも短期的配偶に熱心であることを示しています。そうであれば，やはり男性の方が女性より浮気をしているということになるのでしょうか。

【解説】 ここで，一夫多妻が認められている社会で，すべての男性が複数の配偶者をもっているわけではないことを思い出してください（第６章）。何かをすることが「許されている」ことと実際にそれを「する」ことが別であるのと同様に，何かを「したいと思う」ことと実際にそれを「する」ことも別なのです。男性は女性よりも短期的配偶関係をもつことに熱心かもしれませんが，アプローチして失敗する回数（＝間違いの回数）が多いだけということの方が現実に近いのではないでしょうか。

2．男性に女性の性的意図を過剰知覚する傾向があるのはなぜでしょうか。通常，間違った判断をする傾向は適応的ではありません（例えば，自分の縄張りの中にある餌の量を過剰知覚してノンビリしている野生動物は，餓死するかもしれません）。それなのに，なぜあえて間違える傾向（過剰知覚する傾向）が進化すると考えられるのでしょうか。

【解説】　この問題を考えるにあたって大事なことは，「相手の性的意図を見落とす」という間違いと「実際は性的意図のない女性に言い寄る」という間違いの両方を同時に減らすことができないということです。この２つの間違いには一方を減らせば他方が増える関係があります（第９章でも改めて説明します）。そのため，相対的に損失の小さい（＝まだましな）間違いをするように自然淘汰がはたらくと考えられます。

3．短期的配偶戦略をとることにより男性，女性にそれぞれ生じるかもしれない適応上の利益（メリット）と問題（デメリット）をできるだけ多く挙げてください。そして，男女それぞれにとっての適応上のメリット，デメリットを見比べて，男性の方が女性よりも短期的配偶に積極的であることを説明できるかどうか考えてみてください。

引用文献

Anderson, K. G. (2006). How well does paternity confidence match actual paternity? Evidence from worldwide nonpaternity rates. *Current Anthropology, 47*(3), 513–520. https://doi.org/10.1086/504167

Browne, K. R. (2006). Sex, power, and dominance: The evolutionary psychology of sexual harassment. *Managerial and Decision Economics, 27*(2/3), 145–158. https://doi.org/10.1002/mde.1289

Buss, D. M., & Schmitt, D. P. (1993). Sexual strategies theory: An evolutionary perspective on human mating. *Psychological Review, 100*(2), 204–232. https://doi.org/10.1037/0033-295X.100.2.204

Clark, R. D., III, & Hatfield, E. (1989). Gender differences in receptivity to sexual offers. *Journal of Psychology & Human Sexuality, 2*(1), 39-55.

Farris, C. Treat, T. A., Viken, R. J., & McFall, R. M. (2008). Sexual coercion and the misperception of sexual intent. *Clinical Psychology Review, 28*(1), 48–66. https://doi.org/10.1016/j.cpr.2007.03.002

Greiling, H., & Buss, D. M. (2000). Women's sexual strategies: The hidden dimension of extra-pair mating. *Personality and Individual Differences, 28*(5), 929–963. https://doi.org/10.1016/S0191-8869(99)00151-8

Griffith, S. C., Owens, I. P. F., & Thuman, K. A. (2002). Extra pair paternity in birds: A review of interspecific variation and adaptive function. *Molecular Ecology, 11*(11), 2195–2212. https://doi.org/10.1046/j.1365-294X.2002.01613.x

Haselton, M. G., & Buss, D. M. (2000). Error management theory: A new perspective on biases in cross-sex mind reading. *Journal of Personality and Social Psychology, 78*(1), 81–91. http://dx.doi.org/10.1037/0022-3514.78.1.81

参考図書

● ジャレド・ダイアモンド（著）　長谷川寿一（訳）（2013）.『人間の性はなぜ奇妙に進化したのか』　草思社

8 子育て

《学習のポイント》 一般的には親は子供に無私の愛情を注ぐものだと考えられます。「無私」という言葉を辞書で引くと，損得計算をしないといった意味も出てきます。ですが，「無私の愛情」は私たちが子供に対して感じる感情（至近要因）を言い表してはいても，究極要因レベルで子育てを理解しようとすると「無私」であるはずはありません。その一方，子供を生み・育てるからこそ親の遺伝子が次世代に残るのですから，（完全な「無私」ではないとしても）愛情がまったく進化しないはずもありません。第8章の目的は，親子の適応上の利害対立と利害の一致という観点から子育てを理解することです。

《キーワード》 親子の対立，親の投資，協同繁殖，ベビースキーマ，養子

1．親子の関係

（1）親子の対立

進化生物学者のロバート・トリヴァースは，親子の間にある利害関係を**親子の対立**（parent-offspring conflict）の理論としてまとめました（Trivers, 1974）。親子の間にどのような利害対立があるのかを理解するために，まず親にとっての最適な繁殖戦略がどのようなものになるのかを考えましょう。第2章で見たように，狩猟採集社会の女性はチンパンジーより短い間隔で出産します。この短い出産間隔を可能にする要因のひとつは父親のサポートです。出産間隔を短くするという進化が生じているという事実から，生涯にもうける子供の数（より正確には，繁殖

可能年齢まで育つ子供の数，ひいては孫の数）を増やすことは私たちの祖先にとって適応的だったと考えられます。

しかし，それは親の視点に立った理解です。短い出産間隔を子供の視点から考えると，自分への世話が早めに切り上げられて，自分の弟妹を産む準備が始まることを意味します。子供にとっても自分と血縁度の高い弟妹が増えることは適応的なので，特に問題はないように思われるかもしれません。しかし，親の立場からはすべての子供が自分自身と血縁度 0.5 の関係であり，その他の条件が同じなら（将来生まれてくる子供も含めて）全員を平等に扱おうとするはずです。一方，子供の立場から見れば，自分との血縁度が 0.5 しかないきょうだい（もし繁殖ごとに父親を変える種であればきょうだいとの血縁度はさらに低く 0.25）の数が増えることよりも，自分自身の生存率を高める方が優先されます。親はすべての子供を平等に扱おうとするけれど，子供は自分を他のきょうだいより優先してほしい。ここに親子の対立が生じます。

（2）離乳をめぐる対立

具体例として，離乳時期をめぐる対立について考えてみます。授乳中の女性（あるいは哺乳類一般について考えても同じで，授乳中のメス）は排卵が抑制される傾向にありますから，授乳期間というのは生まれたばかりの子供の世話に資源を投資し，次の繁殖を先延ばしにしている状態です。ちなみに，生物学では**親の投資**（parental investment）という用語が使われることがあります。これは，子育て行動も含みますが，より広い概念です（例えば卵生の動物のメスが卵に豊富な栄養を与えること等も含んでいます）。

親の投資と繁殖スピードは一方を優先すれば他方が犠牲になるというトレード・オフの関係にあります。哺乳類の場合は，授乳期間を延ばせば必然的に出産間隔が長くなります。そのため，ヒトの場合，子供が離乳食だけで十分栄養をとれるようになると，母親は離乳を促します。授乳をやめてしまえば，母親の身体は次の出産に向けて準備を始めることができます。

親の投資と繁殖スピードのトレード・オフを理解するために，架空の数値例で確認してみましょう。例えば，ヒトの女性が3年に1人のペースで20年間子供を産むことができるとします。単純に割り算すれば7人弱の子供を産むことができます。しかし，ヒトの進化的適応環境において1歳未満で死亡する子供は約27％と見積もられていますから(Volk & Atkinson, 2013)，乳児のうちに死亡する子供も相当数いるはずです。その場合にはすぐに次の子供を産むと考えても，多少の時間のロスが生じます。そこで，20年間で5人の子供（1歳を超えて生存していた子供）の離乳時期の判断が必要だとします。さらに，3年に1回という出産間隔の下では，1歳まで生存していた子供が繁殖可能年齢まで生存できる可能性が70%であると仮定します。5人の70％は約3.5人です。

ここで，繁殖間隔を6年にすることで（1人の子供への投資を2倍にすることで)，1歳を超えて生存していた子供が繁殖可能年齢まで育つ確率を100％にすることができるとします。繁殖間隔を2倍にしたので，20年間で産むことができる（そして1歳まで生存している）子供の数はせいぜい3人だとします。この3人全員（100%）が繁殖可能年齢まで育っても，5人の生存率が70％の場合（3.5人）を下回ります。

上記の例は現実を極端に単純化したものですが，親子の対立は明確です。母親について考えれば，3年で離乳させようとする傾向が進化します。母親は心情的には1人1人の子供に死なないでほしいと思うかもしれませんが，3年で離乳を促す遺伝子と6年で離乳を促す遺伝子があれば，3年で離乳を促す遺伝子の方が次世代で増えます。その遺伝子を受け継ぐ可能性がある子供は3.5人いて，6年で離乳を促す遺伝子を受け継ぐ3人よりも多いからです。一方，子供にとっては，自分自身と50％しか遺伝子を共有しないまだ見ぬ弟妹より，自分自身が確実に繁殖可能年齢まで生き残ることの方が重要です。

（3）協同繁殖パートナーとしての子

子育て期間は長いのに出産間隔は短いというヒトに特徴的な生活史は，ヒトの親子の関係に**協同繁殖**（cooperative breeding）のパートナーという新しい側面を付け足したかもしれません（Kramer, 2011)。協同繁殖とは親以外の個体（ヘルパーと呼ばれます）が子育てを手伝うような子育てシステムです。例えば，昨シーズンに生まれた子供たちが親の今シーズンの子育てを手伝う，劣位個体が優位個体の子育てを手伝う等，様々な種類があります。

図8-1には，母親が繁殖可能になった年齢を0として，そこからどの時点で何人の子供を養育中であるかを示しています。上がヒトの場合，下がチンパンジーの場合です。チンパンジーの場合，ある時点で産んだ子供が独立してから次の子供をもうけます。したがって子供が1頭の時期の後，養育中の子供の数が0頭になる短い間隔ができ，その後また1頭の子供を養育する期間に入ります。一方，ヒトの場合，子供が親に依存する期間がチンパンジーよりも長いにもかかわらず，出産間隔がチンパンジーよりも短いので，必然的に同時に複数の子供を養育している期間が生じます。**図8-1**では，約3年間隔で1人ずつ子供が増えていき，最大7人を養育している時期があり，その後，第1子から順に独立していき養育中の子供の数が次第に減っていきます。

果たして父親の援助だけで最大7人の子供を養育できるのでしょうか。実は多くの狩猟採集社会で子供たちはかなり小さい時期から果実・

ナッツ採集，魚釣り，動物の世話，料理の手伝い，水汲み，薪集め等，様々な形で家事を手伝います。一昔前の日本でも，上の子が下の子の子守をするのは今より一般的でした。短い出産間隔というヒトの生活史の特徴は，父親のサポートに加え長子たちがヘルパーとして親の繁殖を手伝うことで進化できたのかもしれません。

子供が家事を手伝うということからヤングケアラーの問題を想起するかもしれません。ここでも「～である」と「～すべし」の関係に注意してください。子供が家事を手伝うことがヒトの生活史では一般的であったとしても，「ヤングケアラーは自然なことなので，実は問題はないのだ」ということにはなりません。何度も確認した通り，自然であることと善悪の価値判断は別物です。ヒトの生活史についての考察，狩猟採集

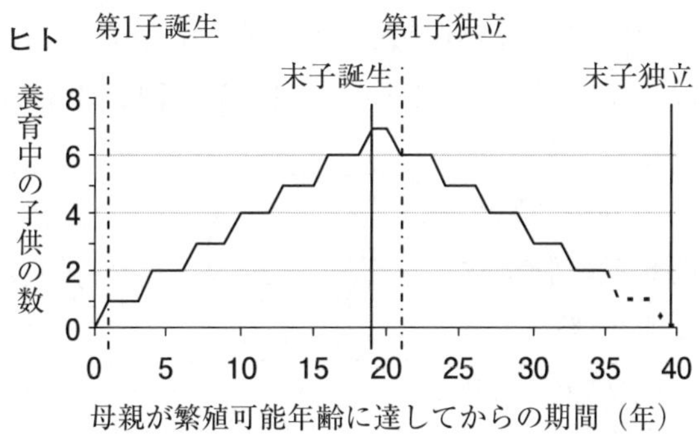

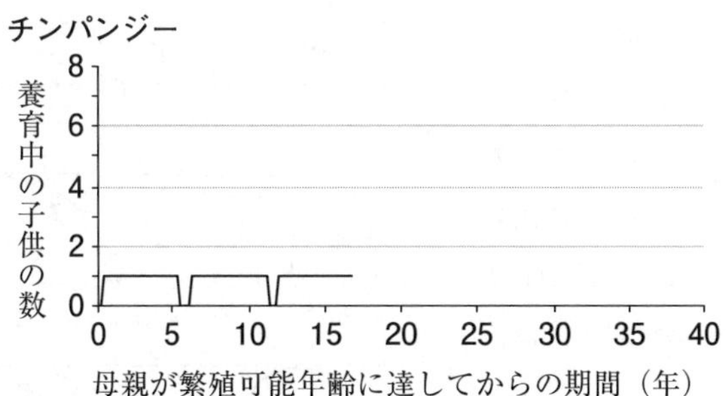

（出典：Kramer，2011）

図8-1　ヒトとチンパンジーの母親が養育中の子供の数

社会の子供たちの家事への参加は，現代的な問題を考える際の比較対象として参考にはなっても，それがすぐに価値判断につながるものではありません。

2. 子育ての至近要因

(1) ベビースキーマ

ここまで主に親子の対立を強調してきましたが，哺乳類の母親はそもそも授乳するように進化しています。子に対して授乳のような非常に大きな投資をするように進化しているからには，至近要因レベル（つまり主観レベル）では，子育ては私たちにそれに見合うだけの喜びを準備しているはずです。

動物行動学者のコンラート・ローレンツは，赤ちゃんのかわいらしさに**ベビースキーマ**（または**幼形図式**；baby schema）といわれる特徴が関係していると指摘しました（Lorenz, 1943)。**図8-2**には，赤ちゃんの特徴がわかるように成人（成獣）の形態と対置されています。赤ちゃんの特徴には，大きな頭，広い額，大きな目，ふっくらした頬，小さな鼻と口，短く太い手足，ぽっちゃりとした身体等が含まれます。私たちはこうした赤ちゃんの特徴を見ると「かわいい」と感じ，養育行動が促されます（Franklin & Volk, 2018)。かわいさは，

（出典：Lorenz, 1943）

図8-2 ベビースキーマの特徴

赤ちゃん版の魅力度で親からの投資を引き出します。

また，赤ちゃんの笑顔も親からの投資を引き出します。そもそも笑顔の赤ちゃんは（笑顔でないときと比べて）かわいいと評定されやすくなります。また，赤ちゃんの笑顔が親の脳の報酬系を賦活（ふかつ）するという知見もあります（Franklin & Volk，2018）。報酬系とは食べ物や（ヒトであれば）金銭をもらったときに活動する部位です。私たちは美味しい食べ物や金銭を報酬と感じることで，それを獲得することに動機づけられます。同じように赤ちゃんの笑顔も，両親にとっては「それが見たい」という主観的報酬になって，養育行動を引き出していると考えられます。

(2)「投資」という視点

親が子供のかわいらしい笑顔に癒されるというのは事実だとしても，進化論的に考えると子育ては親の投資です。したがって，繁殖成功度を高くする投資傾向が進化するはずです。具体的には，繁殖可能年齢まで成長する子供の数が多くなり，多くの孫をもてるような子育てへの投資パターンが見られるはずです。

あなたが投資家で，今後，業績を伸ばしそうな企業と低迷しそうな企業があったとき，どちらに投資するでしょうか。業績の伸びが期待できる方に投資するはずです。子育ても同様です。健康で元気に成長しそうな子供に投資するほど高い繁殖成功度（孫の数）につながるでしょう。このような「投資」判断をするために，健康な子供と健康上の問題を抱えた子供が同時にその場にいる必要はありません。今，目の前にいる健康問題を抱えた子供と将来生まれてくるであろう健康な子供の比較で考えても同じだからです。例えば，ハムスターの母親は，生まれてきた子供が弱っている場合には，育児放棄してその子供を食べてしまうこともあります。

現代社会では，健康上の問題を抱えた子供が生まれたときに親が直ちに育児放棄するという選択肢は法的に認められていません。しかし，間接的な形での育児放棄の可能性は残ります。悲しいことに，障害をもった子供が虐待に遭うリスクは，障害のない子供が虐待に遭うリスクよりも高いのです（Daly & Wilson, 1988）。逆に，健康な赤ちゃんほどふっくらした頬・ぽっちゃりした身体（ベビースキーマに含まれる特徴）をもっており，笑顔を表出します。つまり，子供の側にも健康をアピールする傾向が進化しているようなのです。

子供が繁殖可能年齢まで成長できるかどうかは，子供の健康だけで決まるわけではありません。親の側に投資を行う資源・能力があるかどうかも重要です。例えば，父親からの子育ての援助が得られない場合は，母親による嬰児殺しのリスクが高くなります（Daly & Wilson, 1988）。また，双子が生まれた場合（子育てへの投資が2倍必要ということです），母親が前の子供を授乳中に出産した場合，飢饉のような資源が不足する時期に子どもが生まれた場合に嬰児殺しが行われやすいという民族誌的な記録もあります（Alexander, 1974）。

ここでも「～である」と「～すべし」の区別の大事さは言うまでもありません。残念ながら，私たちには無意識のうちにこういう究極の選択をする傾向が備わっているのかもしれません。ですが，そのことが虐待や育児放棄を正当化することは決してありません。しかし，こうした傾向がわかることで対策も可能になります。親に究極の選択をさせる至近要因は，子育てがうまくいくという期待がもてないことです。周囲からのサポートや制度的なサポートでこの期待を上げることができれば，悲しい選択を減らすことができるはずです。

(3) 父性の不確実性と父親の子育て

ここまで主に母親の子育てに影響する要因を扱ってきました。それでは，父親はどうでしょうか。まず男性に子育てをする傾向（子育ての生物学的基盤）があることは，子供が生まれる前後のテストステロン濃度の変化から示唆されます。鳥類のオスでは，他のオスと配偶相手を巡って争う時期からパートナーと協同で子育てをする時期に移行すると，男性ホルモンであるテストステロン濃度が下がることが知られています。同じ傾向がヒトの男性にも見られます。子供をもつ前後の男性を比べると，子供ができた後に唾液中のテストステロン濃度が下がっていました。また，熱心に子育てをしている男性ほどテストステロン濃度が低い傾向もありました（Gettler et al., 2011）。

子育てに投資する父親にとって，適応上の最大の問題は父性の不確実性でした。自分自身と血縁関係のない子供に投資することになるだけでなく，ライバルの男性の子供を育てることで敵に塩を送ることにもなるからです。それでは，ヒトの男性は父性の不確実性に敏感なのでしょうか。アフリカのセネガルの伝統的な村社会の男性とその子供の関係を調べた研究では，顔が似ている父子，体臭が似ている父子のペアほど，父親が子供と過ごす時間が長いことが示されました（Alvergne et al., 2009）。血のつながった父子ほど外見や体臭も似ていると考えられますから，父性に確信がもてるほど父親による子育てへの投資が大きいということになります。

興味深いことに，母方の親族は，子供が生まれた後，その子が父親に似ているとしきりに口にするという知見があります。これは，産婦人科で記録として撮影されていたビデオの分析から明らかになり（Daly & Wilson, 1982），その後の研究でも，同様の傾向が確認されています。しかし，実際には，新生児が母親より父親に似ているということはありませんから（第15章も参照），母親やその親族が父親に自身の父性を確信してもらおうとしているのだと解釈されます。

3. 子育てと血縁淘汰

（1）継子と虐待リスク

子育てを自分自身の遺伝子を次世代に残すための投資だと考えれば，血縁関係がないことが確実な継親と継子の関係では子への投資は行われにくい（ネグレクトや虐待のリスクが高まる）と予測されます。実際，親と子供の血縁関係の有無に応じて虐待リスクを調べてみると，実親より継親の虐待リスクがはるかに高くなります。

図8-3は，子供の年齢（横軸）ごとに虐待を受けた子供の数（1000人に対する数）を示したものです（Daly & Wilson, 1988)。左図は両親とも実親である場合，右図は実親と継親のカップルに養育されている

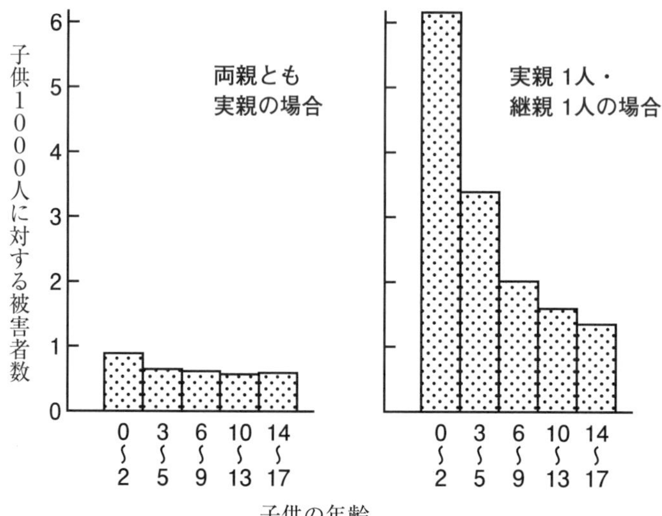

（出典：Daly & Wilson, 1988）

図8-3　子供の年齢別，一緒に生活している親のタイプごとに計算された子供1000人に対する虐待被害者数（1976年のアメリカのデータに基づく）

場合です。子育ての手間を最も必要とする0〜2歳の場合，継親と一緒に生活している子供が虐待を受けるリスクが極めて高いことがわかります。継親から継子が虐待されるというシンデレラのようなストーリーは，古今東西の昔話に登場する普遍的なテーマの1つでもあります。

ここで**図8-3**の縦軸が子供1000人に対する被害者の数となっていることに注意してください。分母が1000人になっていることから，継親からであっても虐待に遭う絶対的なリスクはそれほど高くない（1％に満たない）ことがわかります。配偶者の過去のパートナーの子供であっても実子のようにかわいがる継親は少なくないはずです。もうひとつ，分母を揃えた場合と揃えない場合で，虐待の実態についての見え方が違うことも指摘しておきます。実親と同居している子供と比べて，継親と同居している子供の数はさほど多くありません。そのため，分母を揃えずに虐待被害者数を比較すると，実親に虐待された子供の数の方が多くなります。その結果を額面通りに受け取って，子供の虐待という点では継親より実親の方がリスクが高いという間違った結論を導いてしまわないように注意してください。

（2）養子の謎

継親・継子の関係に加えて，ヒトの社会では（伝統的社会でも近代化された社会でも）養子をとるということが少なからずあります。そうすると，進化論では人間の養育行動をうまく説明できないということになるのではないでしょうか。ここでは，伝統的社会と近代化された社会での養子について，別々に検討しておきます。

太平洋諸島や北極圏の伝統的社会では養子制度が確立されており，西アフリカの伝統的社会には里親制度がみられます（Silk, 1987)。これらの地域の養子・里親制度には，多くの共通点があり，そしてそれが血縁淘汰と矛盾しないことが指摘されています（以下，里親・里子も養親・養子と表記します）。実親が何らかの事情で子供を育てることができない場合，実親はその子供にとっての祖父母，おじ・おばを養親として選ぶことが一般的です。養父母（のどちらか）と養子に血縁関係があれば，大切に育ててもらえることが期待できます。その一方で，養親の家に彼らにとっての実子がいる場合，養子は実子と平等に扱ってもらえません。例えば，養子の方が家事を多く言いつけられたりします。そのことがわかっている部分もあるのでしょう，実親は自分自身で子供を育てることができないことを悔やんでいることが多く，子供を養子に出した後も，完全に子育てへの貢献をやめたりはしないようです。

それでは，現代社会の養子制度はどうでしょうか。通常，養親と養子に血縁関係はなく，養親と実親が連絡を取り合うことはできません(Silk，1990)。また，養親はかなりのコストをかけて養子を引き取り(1980年代のアメリカでは手数料だけで平均7,731ドルもかかったという記録があります)，成人するまでのコストをすべて負担します。養子（及び彼らの実親）の適応度は上昇しますから，これは第4章で見た利他行動にほかなりません。

現代社会での養子制度は，完全な利他行動になっているという意味で，進化しえないものです。これを理解するには，子育てに関する至近要因を含めて考える必要があります。例えば，養親になろうとするカップルは，何らかの理由で自分たちの子供をもうけることができないことが多いようです。親子の対立が生じる最大の理由は，親が将来生まれてくる子供の数も含めて子供の人数を最適化しようとすることでした。そのため，自分自身で子供をもうける可能性がないカップルでは，引き取った子供だけに気持ちが向かうはずです。それに加えて，赤ちゃんはベビースキーマのような，成人が「かわいい」と感じる手がかりを多くもっているので，子育てには大きな心理的満足感が伴います。現代社会の養子制度から垣間見えるのは，子育ての中で得られる満足感の総和は子供を1人育て上げるためにかかるコストを補ってあまりあるということです。つまり，進化は私たちを子育てに駆り立てるために，それほど大きな心理的報酬（至近要因）を用意したということです。

《学習課題》

1．第8章では，継親の虐待リスクの方が実親の虐待リスクよりも高いことを学びました。ところが，厚生労働省が平成15年から行っている虐待に関する調査結果[1]を見ると，心中以外の虐待死は，実母・実父によるものがそれぞれ484件，140件であるのに対して，継父・母親の交際相手によるものは合計で53件です。なぜ実父による虐待死の件数の方が実父以外の男性による虐待死の件数を上回っているのでしょうか。また，実母による虐待死が実父による虐待死の件数を上回っているのはなぜでしょうか。

【解説】　ここでは「分母」に注意してください。具体的には，現代の日本に実父と生活している子供，実父以外の男性と生活している子供はそれぞれどれくらいいるでしょうか。仮に実父と生活している子供と実父以外と生活している子供の比が4：1だと考えましょう（現実とかけ離れた比率だと思われるかもしれませんが，あくまで「仮に」です)。もし，虐待リスクが実父と実父以外で等しければ，虐待死の件数も4：1で実父による虐待死の方が多くなるはずです。もし虐待死の件数が3：2であれば，分母で考えると実父以外の男性と生活し

1　令和3年度全国児童福祉主管課長・児童相談所長会議資料（厚生労働省）による。https://www.mhlw.go.jp/stf/seisakunitsuite/bunya/000019801_00004.html

ている子供は５人に１人しかいないのに，虐待死している中では５人に２人もいることになります。つまり，実父以外の男性の虐待リスクの方が高いということになります。厚生労働省の統計では，男性による虐待死の1/4強が実父以外が加害者になっているケースですが，果たして現代の日本に実父以外の男性に養育されている子供が４人に１人もいるでしょうか。また，実母による虐待死の件数が多い理由として考えるべき「分母」は，離婚の際に女性が子供を引き取ることが多いこと，そして離婚していない場合でも女性の方が男性よりも子供と一緒に過ごす時間が長いということでしょう。

2．親にとって適応的な離乳のタイミングが，子供にとっては早すぎることになるのはなぜでしょうか。

3．若い母親は，この後，まだ何度も出産する可能性があります。一方，高齢の母親はそれ以上子供を出産することはないかもしれません。このことを踏まえて，子供が健康上の問題を抱えていた場合に，虐待等のリスクが高くなるのは若い母親と高齢の母親のどちらになると考えられますか。その理由も考えてみてください。

引用文献

Alexander, R. D. (1974). The evolution of social behavior. *Annual Review of Ecology and Systematics*, *5*, 325–383 https://doi.org/10.1146/annurev.es.05.110174.001545

Alvergne, A., Faurie, C., & Raymond, M. (2009). Father–offspring resemblance predicts paternal investment in humans. *Animal Behaviour*, *78*(1), 61–69. https://doi.org/10.1016/j.anbehav.2009.03.019

Daly, M., & Wilson, M. I. (1982). Whom are newborn babies said to resemble?

Ethology and Sociobiology, *3*(2), 69-78. https://doi.org/10.1016/0162-3095(82)90002-4

Daly, M., & Wilson, M. (1988). *Homicide*. Aldine de Gruyter. マーティン・デイリー／マーゴ・ウィルソン（著）　長谷川眞理子・長谷川寿一（訳）(1999).『人が人を殺すとき―進化でその謎をとく』　新思索社

Franklin, P., & Volk, A. A. (2018). A review of infants' and children's facial cues' influence on adults' perceptions and behaviors. *Evolutionary Behavioral Sciences*, *12*(4), 296–321. https://doi.org/10.1037/ebs0000108

Gettler, L. T., McDade, T. W., Feranil, A. B., & Kuzawa, C. W. (2011). Longitudinal evidence that fatherhood decreases testosterone in human males. *Proceedings of the National Academy of Sciences USA*, *108*(39), 16194–16199. https://doi.org/10.1073/pnas.1105403108

Kramer, K. L. (2011). The evolution of human parental care and recruitment of juvenile help. *Trends in Ecology and Evolution*, *26*(10), 533-540. https://doi.org/10.1016/j.tree.2011.06.002

Lorenz, K. (1943). Die angeborenen Formen möglicher Erfahrung. *Zeitschrift für Tierpsychologie*, *5*(2), 235–409. https://doi.org/10.1111/j.1439-0310.1943.tb00655.x

Silk, J. B. (1987). Adoption and fosterage in human societies: Adaptations or enigmas? *Cultural Anthropology*, *2*(1), 39–49. https://doi.org/10.1525/can.1987.2.1.02a00050

Silk, J. B. (1990). Human adoption in evolutionary perspective. *Human Nature*, *1*(1), 25–52. https://doi.org/10.1007/BF02692145

Trivers, R. L. (1974). Parent-offspring conflict. *American Zoologist*, *14*(1), 249–264. https://doi.org/10.1093/icb/14.1.249

Volk, A. A., & Atkinson, J. A. (2013). Infant and child death in the human environment of evolutionary adaptation. *Evolution and Human Behavior*, *34*(3), 182–192. https://doi.org/10.1016/j.evolhumbehav.2012.11.007

参考図書

● マーティン・デイリー／マーゴ・ウィルソン（著）　長谷川眞理子・長谷川寿一（訳）(1999).『人が人を殺すとき―進化でその謎をとく』　新思索社

9 認知と進化

《学習のポイント》 心理学の（特に判断と意思決定に関する）研究は，私たちが偏った判断傾向をもっていて，その結果，非合理的で間違った判断をしやすいことを示しています。しかし，様々な場面で間違った判断をしやすい個体と正しい判断をしやすい個体がいれば，正しい判断をすることができる個体の方が適応的で，多くの遺伝子を次世代に残すことができるのではないでしょうか。そうだとすると，私たちが非合理的な判断傾向をもっているというのは不思議です。この章では，なぜ私たちに特定の間違いをする傾向があるのか，そして，それは果たして適応的なのかを考えます。

《キーワード》 ヒューリスティック，バイアス，エラー管理理論，領域固有性

1. ヒューリスティックとバイアス

(1) ヒューリスティック

従来の心理学では，私たちが間違った判断をするのは，与えられた情報をフル活用せずに，簡便な問題解決方略を使っているからだと説明されています。この簡便な問題解決方略のことを**ヒューリスティック**（heuristic）といいます（Tversky & Kahneman, 1974)。例えば，私たちは，ある出来事が推論対象の特徴を反映しているほど，それが起こりやすい（もっともらしい）と考える傾向があります。これは，私たちが**代表性ヒューリスティック**（representativeness heuristic）を使うからです。

例えば，コインを6回続けてトスしたときの結果として，次の3つの系列ではどれがもっとも起こりやすいでしょうか（ここでは，表をheadの頭文字H，裏をtailの頭文字Tと表記しています）：①H-T-H-T-T-H，②H-H-H-T-T-T，③H-H-H-H-T-H。この3つの比較では，①の系列が一番起こりやすいと推論されがちです。しかし，実際にはどの特定の系列をとっても0.5の6乗の確率で起こるため，起こりやすさは同じです。では，なぜ①が起こりやすく感じるのでしょうか。それは，ランダムな系列では規則性がなくHとTが交互に出やすいというイメージがあるからです。①の系列はこのような私たちがランダム性に対してもつイメージの特徴をよく反映しています。

他にも私たちは頭に思い浮かびやすい事象を起こりやすいと考えがちです。これは**利用可能性ヒューリスティック**（availability heuristic）と呼ばれます。例えば，2021年の1年間の刑法犯認知件数は戦後最少であったのに，2021年11月に警察庁が行ったアンケートによれば，約2/3の人が治安が悪くなっていると感じているそうです[1]。このように感じた人の多くが回答時に思い浮かべた犯罪は「無差別殺傷」でした。記憶されている方もいらっしゃるかもしれませんが，2021年には，8月と10月に電車内で刃物をもった男が乗客を襲うという事件が立て続けに起こり，ニュースでも大きく取り上げられました。ところが，こうした想起しやすい少数事例が，治安のような社会全体の趨勢を反映しているとは限らないのです。

（2）なぜ間違えるのか？

こういったヒューリスティックを用いると，一定の傾向性をもった予測可能な間違いが生じるため，ヒューリスティックによって生じる間違いは判断の**バイアス**（bias）といわれます。バイアスには「偏り」とい

1　読売新聞（2022年2月3日）．刑法犯は戦後最少でも6割が「治安が悪くなった」…警察庁調査，無差別殺傷が影響か

う意味合いがあります。つまり，ヒューリスティックを用いると，実際よりも少なく（多く）見積るといった傾向性のある（特定方向に偏った）間違いが生じるのです。このため，私たちはヒューリスティックを用いると間違いやすいと思ってしまいます。ところが，本来，ヒューリスティックは「複雑な課題を単純な手続きで解くことを可能にする，多くの場合役に立つ簡便な問題解決方略」を指しています。なぜ役に立つはずのヒューリスティックの研究が，それを使うばっかりに間違いを犯すことを示す研究になっているのでしょうか。

これは，ヒューリスティックを使って正しい判断・推論ができることを示しても，それが合理的に推論した（与えられた情報をフル活用した）結果なのかヒューリスティックを使った結果なのかの区別がつかないからです。人々がヒューリスティックを使っていることを示すためには，合理的に推論するならば間違わないけれど，ヒューリスティックを使っていれば間違えるはずだという課題を作って，参加者が間違うことを示さなければなりません。つまり，ヒューリスティックを使うと間違えるというイメージは，人々が実際にヒューリスティックを使っているということを示すための研究方略の意図せぬ副産物ということになります。

（3）環境との整合性

ヒューリスティックの有効性を確認するために，ヒューリスティックを用いることで私たちが効率的に正しい判断をくだせることを示す研究を紹介します。例えば，ベルリンとエッセン（どちらもドイツの都市です）のどちらが人口が多いと思うか聞かれたら，あなたならどう考えるでしょうか。もし，2つの都市の人口を知らなければ，「ベルリンは知っているけれどエッセンは聞いたことがないぞ。じゃあ，ベルリンだ」というように，知っている都市を選ぶのではないでしょうか。これは，**再認ヒューリスティック**（recognition heuristic）と呼ばれます（Gigerenzer et al., 1999）。

外国であっても，大きい都市は新聞やニュースにも頻繁に登場しますから，私たちは人口の多い都市の名前には聞き覚えがあるものです。したがって，人口の多い都市を選ぶときには，再認ヒューリスティックは妥当な方略です。例えば，アメリカの大学生にアメリカの都市の人口の判断とドイツの都市の人口の判断をさせると，どちらも正解率は70％くらいになりました。よく知っているはずのアメリカの都市と，馴染みのないドイツの都市についての判断で同じくらいの成績だったのです。実は再認ヒューリスティックは知識がほどほどのとき（多すぎないとき）ほど役に立ちます。大きな都市から小さな町の名前まですべて知っている（知識が多すぎる），または大きな都市の名前すらも知らない（知識が少なすぎる）といういずれの場合にも，再認ヒューリスティックがうまくいかないことはすぐにわかります。

再認ヒューリスティックがうまくいくのは，私たちの記憶のメカニズムとも関係があるかもしれません。私たちは何度も接したもの，同じくらい接した回数があれば特定の時期にだけ接したのではなく様々な時期に接したもの，ずっと以前に接したのではなく最近接したものをよく覚えている傾向があります。実は，この記憶の特徴は情報環境の特徴とよく整合しています。例えば，新聞で何度も登場した単語，登場した回数が同じであれば特定の時期に集中していない単語，より最近の記事に登場した単語の方が明日の新聞記事にも登場する確率が高いのです（Anderson & Schooler, 1991）。このように私たちの記憶に，将来役に立ちそうな情報を選択的に覚えておく傾向があるからこそ，再認できるものほど大事なものという自然な関係ができるのだと考えられます。

2. エラー管理理論

（1）信号検出理論

再認ヒューリスティックの研究から，私たちは実は間違いやすいわけではないことがわかりました。しかし，特定の方向に偏った判断をしやすい傾向（つまり，特定の間違いを犯しやすい傾向）が進化の結果備わっていてもおかしくない場合もあります。なぜ間違いやすい傾向が進化するのかと言えば，その間違いが別の間違いよりもましだからです。私たちを取り巻く環境は不確実性に満ちています。例えば，煙感知器は火事の手がかりに反応して警報を鳴らしますが，その際，2種類の間違いが起こり得ます。火事なのに警報が鳴らない「見落とし」と火事ではないのに警報が鳴ってしまう「誤警報」です。

この2種類の間違いを完全に0にすることはできません。なぜなら，煙感知器が直面する問題は，火事かどうかを直接知ることはできない中で，煙のような火事の手がかりを用いてベストな判断をすることだからです。私たちの心のはたらきも煙感知器と似たような問題に直面しています。例えば，あの草むらに肉食獣が潜んでいるのか，この株は値上がりするのかといった問題では，正解を直接知ることはできません（あるいは正解を知ったときには手遅れかもしれません）。このような場合，草むらの奥に見える影，最近の株価の変動等，何らかの手がかりを使ってベストな判断をしなければなりません。このような判断状況を扱うのが**信号検出理論**（signal detection theory）です。信号検出理論によれば，見落としを減らそうとすればどうしても誤警報が増え，誤警報を減らそうと思えばどうしても見落としが増えます。

(2) エラー管理理論

私たちが直接知り得ない環境状態について推論するとき，2種類の間違いを同時に0にすることはできません。どうしても2種類の間違いのうちどちらかを選ばなければならないとしたら，間違ったときの損失の小さい方を選ぶべきでしょう。そして，損失の大きい間違いを犯しやすい個体と損失の小さい間違いを犯しやすい個体がいれば，損失の小さい間違いを犯しやすい個体の方が適応的です。このように，2種類の間違いのうちどちらかを選ばなければならない状況では，相対的に損失の小さい間違いを犯しやすい傾向が進化します。この信号検出理論の考え方を進化心理学に応用した考え方は，**エラー管理理論**（error management theory）と呼ばれます（Haselton & Nettle, 2006）。

例えば，私たちは初めて口にする食物を食べた後にお腹をこわすと，その食物を避けるようになります。その腹痛が実際にはその食物のせいではないとしたら，その食物に対する嫌悪は誤警報です。しかし，誤警報の可能性はあるとしても，これまでに口に入れてお腹をこわした食物をまったく覚えておらず，毎回それを口にするとしたらどうでしょうか。食物の毒性を見落としてしまうことは致命的な間違いにもなりかねません。このように考えると，この場合には見落としよりも誤警報の間違いの方が相対的にましだということがわかります。

ここで，エラー管理理論によれば私たちには誤警報の間違いを犯しやすい傾向があるのだと思わないようにしてください。というのは，エラー管理理論の一番大事な洞察は，見落としと誤警報のどちらがよりましな間違いかは，どのような適応問題について考えているかによって違っているということだからです。

(3) 配偶パートナーの意図の推測

エラー管理理論の考え方は，第7章で紹介した男性が女性の性的意図を過大推測するという間違いにも当てはまります。男性ができるだけ多くの子供を残したいと思ったら，できるだけ多くの女性と性的関係をもつ必要があります。目の前の女性に性的意図があるのにそれを見落とすときの適応上の損失は，性的意図のない女性に間違ってアプローチするときの損失を上回るはずです。そのため，男性には女性の性的意図を過剰知覚する傾向があると説明しました。つまり，見落としを減らして誤警報を増やすということです。

しかし，同じ問題は女性の方から見るとまったく違ったものになります。女性にとっては，男性が自分との関係にコミットしているのか，そして2人の間に生まれてくる子供に投資する気があるのかを見極める必要があります。将来2人の間に生まれてくる子供への投資をしっかりする気がある男性を見逃すのは見落としです。一方，男性には投資する意図がないのに投資する意図があるのだろうと思ってしまうのは誤警報です。煙感知器が鳴るべきではないときに警報を鳴らすのと同じで，下心で近づいてきている男性（本来つきあうべきではない男性）に対して熱を上げてしまう間違いだからです。

子育てに投資する気がない男性との間に子供をもうけることの適応上の損失は甚大です。進化的適応環境における父親による子育てへの貢献の重要性は第2章で確認した通りです。また，現代の日本でもシングルマザーや「ワンオペ育児」の負担の大きさは看過できないものです[2]。そのため，女性には誤警報をできるだけ減らそうとする傾向が進化したと考えられます。誤警報を減らすためになかなか相手を信じないとすると，その結果，どうしても見落としをする（心から求愛している男性を受け入れない）可能性が上昇することになります。

2 「ワンオペ育児」という言葉は，母親が育児や家事の負担をすべて担う状態を指して使われています。

繰り返しになりますが，エラー管理理論は，ヒトが見落としと誤警報のどちらの間違いを犯しやすいのかについて，一般的な傾向があるとは考えません。適応問題の特徴（見落としの損失が大きいのか，誤警報の損失が大きいのか）が，見落とし傾向と誤警報傾向のどちらが進化するかを決めるのだと考えるのです。

3. 認知の領域固有性

（1）ヒトは論理的推論が苦手か？

心理学の研究では，論理的推論課題の中にもヒトがなかなか正解できない課題があることが知られています。例えば，**図9-1**に示す4枚のカード（いずれも表面にはアルファベットが1つ，裏面には数字が1つ書かれているものとします）について，「もし表にDと書かれていたら裏には3が書かれていなければならない」という規則が守られているかどうかを知りたいとします。この規則が守られているかどうかを調べるために反対側を見てみなければならないカードを必要なだけ選んでください。あなたならどのカードをめくってみるでしょうか。

この問題はウェイソンの4枚カード問題として知られており，多くの人はDと3のカードをめくって反対側をチェックすると答えてしまいます。しかし，「Dならば3」という規則は，その逆の「3ならばD」ということを意味しません。むしろ，7の反対側にDがあったら，「Dなのに7」ということになり，「Dならば3」が守られていないことになります。つまり，めくって見るべきなのは，Dと7のカードです。Fの反対側に何が書かれていても「Dならば3」

D	F	3	7

図9-1　ウェイソンの4枚カード問題

の反証になりませんし，3の裏にDが書かれていなくても「Dならば3」の反証にならないからです。

このDと3を選ぶという典型的な間違い方は**確証バイアス**（confirmation bias）の証拠と考えられます。私たちには自分が正しいと思っている仮説を確かめようとする傾向があります。その一方，反証を探して仮説が間違っている可能性を検討しようとはしません。この課題でDをめくってみるというのは「Dならば3」という仮説が正しいかどうかを確かめる行為です。ですが，7をめくるのは仮説が間違っている可能性を検討するもの（反証探し）なので，私たちはなかなか7を選べないというのです。

（2）領域固有性

ウェイソンの4枚カード問題に代表されるような規則違反を探すという推論は，心理学の実験場面を離れても重要です。「この矢じりなら獲物が暴れても抜けない」，「こんな波だったら翌日は嵐が来る」等，「もし××なら○○」という形式の規則を理解できないとしたら非適応的です（この規則を，これ以降「PならばQ」と書きます）。しかし，ウェイソンの4枚カード問題になかなか正解できないということから，私たちはあらゆる場面でこの推論ができないと考えるのは拙速にすぎます。実は私たちは様々な現実場面で，ウェイソンの4枚カード問題と論理的に同じ構造をもつ問題を解いているのです（Cosmides，1989）。

例えば，次の問題を考えてみます。「もしキャッサバを食べるなら，顔に刺青を入れていなければならない」という規則が守られているかどうかを調べたいとします。ここに4人の人がいます。「キャッサバを食べている人」「キャッサバを食べていない人」「顔に刺青を入れている人」「顔に刺青を入れていない人」です。あなたなら4人のうちどの人を調べてみるでしょうか。

キャッサバがどのような食物か知らないとしても，それが魅力的な食べ物で，誰もが食べたがっているといった文脈がわかれば，刺青を入れずにキャッサバを食べることはズルをすることに違いないと了解できるでしょう。そして，そのように了解できれば，キャッサバを食べている人が顔に刺青を入れているかどうか，顔に刺青を入れていない人がキャッサバを食べていないかどうかを調べてみるのではないでしょうか。

拍子抜けするほど簡単に感じられたかもしれませんが，実はこれは先ほどのウェイソンの4枚カード問題と論理的には同じ構造をしています。「PならばQ」が正しいことを確認するためには，「P」と「not Q（Qではない例）」を調べる必要があります。4枚カード問題ではDに加えて7（3ではないという意味でnot Q）を調べました。同じように，この例でも「キャッサバを食べている人（P）」と「刺青を入れていない人（not Q）」を調べています。

論理的には同じ「PならばQ」という規則であっても，利益を得る（キャッサバを食べる）ならばコストを支払わなければならない（刺青を入れていなければならない）という社会契約の問題にすると，私たちはこの問題を解くことができます。第11章，第12章で詳しく説明するように，私たちは他者と協力関係を築く一方，相手から裏切られるリスクと常に隣り合わせで生きています。このとき，コストを払わずに利益だけを得ている非協力者をみつけることができず，常に非協力者の搾取を許すとしたら，それは極めて非適応的です。このように適応に関連する領域に特異的に問題解決能力がはたらくことは，認知に**領域固有性**（domain specificity）があるといいます。

社会契約場面以外にも，「PならばQ」の規則違反をみつけやすい領域として用心が必要な場面があります。例えば，「工事現場に入るならヘルメットを着用していなければならない」という規則が守られているかどうかを調べるとします。ここに「工事現場に入っている人」「入っていない人」「ヘルメットを着用している人」「着用していない人」がいたら，何の苦もなく「工事現場に入っている人（P）」と「ヘルメットを着用していない人（not Q）」を調べなければならないということがわかるはずです。社会契約と用心はどちらも同じ論理構造をもつ問題で，どちらもオリジナルの 4 枚カード問題よりも簡単に感じられるのに，これらを解いているときに活動する脳領域には違いが見られるという報告もあります（Fiddick et al., 2005）。このことは，社会契約と用心の問題が，異なる領域に固有の認知プロセスで解決されている可能性を示唆します。

（3）領域固有性を越えて

私たちの認知には領域固有性があります。そのため，どんな問題にも一般性をもって当てはめることができる抽象的なレベルで考えるよりも，個別領域の具体的な問題として考える方が理解しやすいことがあることは日常的にもよく経験することです。数学の授業で割合の計算が苦手だったという人も，スーパーの特売の○割引きはすぐに計算できたり，銀行に預けたお金にどれくらい利子がつくのかの計算はすぐにできるかもしれません。

しかし，それでも私たち人間は領域固有性から解放された一般的な認知能力ももっています。数学のような抽象度の高い学問を発展させてきたことは，私たちに程度の違いはあっても個別の領域を越えて抽象的に思考する能力（領域一般性）があることの証拠です。認知心理学の研究でも，ある文脈でうまくいった問題解決方法を別の文脈にアナロジー

（類推）として適用してみることで問題解決が促進されることがあることが知られています。このように（ある程度の）領域一般性は確かにありそうですが，なぜそれが進化したのかを説明するのは簡単ではありません。多くの適応問題が領域固有の認知で解決できていたとしたら，わざわざ一般性のある認知能力をつけ足す必要はなかったでしょう。では，一般性のある認知能力をつけ足したからこそできるようになったことは何でしょうか。領域を越えた思考の進化は，ヒトの認知を理解するために避けることができない未解決問題のひとつです。

《学習課題》

1．ヒューリスティックとは，どのような問題解決方略のことですか。また，ヒューリスティックの研究で，あえて人々が間違った判断を下しやすい課題を使うのはなぜでしょうか。

【解説】　あなたが子供に足し算を教えているとします。その結果，その子は「2+2=4」「3+4=7」……と正しく答えることができるようになりました。ところが，あなたはその子が単にいくつかの足し算の答えを丸暗記しているのではないかと疑っています。このとき，「4+7」はすでに教えているけれど，「9+8」はまだ教えていないとします。また，足し算の考え方がきちんと理解できていれば「9+8」も解けるとします。この子が単に丸暗記しているのではなく，足し算の考え方を身につけたかどうかを知りたいとしたら，あなたは「4+7」と「9+8」のどちらを出題してみるでしょうか。ヒューリスティックを使っていたら間違えるような課題をあえて作って研究をすることは，この足し算理解の確認問題の例と似ていないでしょうか。

2．私たちの祖先が直面したかもしれない適応問題のうち，見落としが相対的にましな問題，誤警報が相対的にましな問題にはどのようなものがあるかを考えてみてください。

3．認知の領域固有性について，「P ならば Q」の形式をもつ社会契約や用心の規則について，教科書で挙げた以外の具体例を考えてみてください。

引用文献

Anderson, J. R., & Schooler, L. J. (1991). Reflections of the environment in memory. *Psychological Science*, *2*(6), 396–408. https://doi.org/10.1111/j.1467-9280.1991.tb00174.x

Cosmides, L. (1989). The logic of social exchange: Has natural selection shaped how humans reason? Studies with the Wason selection task. *Cognition*, *31*(3), 187–276. https://doi.org/10.1016/0010-0277(89)90023-1

Fiddick, L., Spampinato, M. V., & Grafman, J. (2005). Social contracts and precautions activate different neurological systems: An fMRI investigation of deontic reasoning. *NeuroImage*, *28*(4), 778–786. https://doi.org/10.1016/j.neuroimage.2005.05.033

Gigerenzer, G., Todd, P. M., & the ABC Research Group. (Eds.). (1999). *Simple heuristics that make us smart*. Oxford University Press.

Haselton, M. G., & Nettle, D. (2006). The paranoid optimist: An integrative evolutionary model of cognitive biases. *Personality and Social Psychology Review*, *10*(1), 47–66. https://doi.org/10.1207/s15327957 pspr1001_3

Tversky, A., & Kahneman, D. (1974). Judgment under uncertainty: Heuristics and biases. *Science*, *185*(4157), 1124–1131. https://doi.org/10.1126/science.185.4157.1124

参考図書

● ゲルト・ギーゲレンツァー（著）　小松淳子（訳）（2010）.『なぜ直感のほうが上手くいくのか？―「無意識の知性」が決めている』　インターシフト
● スティーブン・ピンカー（著）　橘明美（訳）（2022）.『人はどこまで合理的か』（上・下）草思社

10　感情と進化

《学習のポイント》 感情というと主観的に感じられるフィーリングのことを思い浮かべるかもしれません。しかし，感情には身体反応（例えば，血圧上昇）も含まれていて，心理学的には主観的フィーリングよりも身体反応の方が重要です。そして，進化心理学では，身体反応がどのような行動とつながり，適応度を上昇させるのかについても考えます。ここでの適応は，生存・繁殖に有利という意味です。そのため，日常的な意味では望ましくない行動と結びついた感情も進化することが考えられます。その例としてこの章では嫉妬感情について考えます。また，喜び，怒り，悲しみ等の感情にはそれぞれに特有の表情があります。表情の進化的な意味についても考えます。

《キーワード》 基本感情，進化的ミスマッチ仮説，嫉妬，配偶者防衛，表情

1．感情とは

（1）感情≠フィーリングだけ

感情という言葉から何を連想するでしょうか。喜び，怒り，悲しみといった例を思いつくかもしれません。心理学概論のような授業では，喜び，悲しみ，怒り，恐怖，嫌悪，驚きという6つを**基本感情**（basic emotion）というのだと学んだかもしれません（この章の後半で扱います）。これらが感情の例であることは確かです。そして，これらの例に共通するのは，ある程度はっきりした原因によって引き起こされる意識可能な強い主観的経験（フィーリング）です。資格試験の合格通知を受け取ったときの世界がバラ色に見えるような，高揚したフィーリング。

かわいがっていたペットを看取ったときの何もかもが鉛のように灰色で世界が終わってしまったように思えるフィーリング。こういった，意識される強い主観的経験は確かに基本感情に共通する特徴です。ところが，心理学では感情という言葉はこういったフィーリングだけを指すのではなく，もっと広い意味で使われています。

例えば，上記の6つの基本感情とは違い，「今日はなんとなく気分が良い」とか「気分がふさいでいる」と言うときの気分（ムード）も感情です。こういった気分は強い主観的経験を伴う基本感情とは違い，何が原因で気分が良いのか／気分がふさいでいるのか，自分でもわからないことがあります。「えも言われぬ不安に襲われる」といった表現は，何が本当の原因かわからないという状況で不安のような感情が生じることがあることの傍証と言えるでしょう。

「つまり感情とは何なのか？」と思われたでしょうか。実は心理学の中でも，感情についてすべての研究者が合意する定義はないのです。しかし，感情は主観的経験（フィーリング）だけでなく身体状態の変化とそれに伴う行動傾向の変化も含んでいると見なされるのが一般的です。実際，感情研究は生理心理学で盛んに行われています。進化心理学でも，感情はフィーリングだけでなく身体の生理的変化，行動傾向の変化を伴うものと考えられています。

（2）進化心理学にとって感情とは

究極要因を考える進化心理学にとって，感情の重要な機能は行動傾向を変化させることです。主観的に良い気分になるだけでは適応度は上昇しません（子供の数は増えません）から，実際の行動を生存・繁殖に有利なものに変化させることに意味があるのです。例えば，あなたが誰かに対して怒っているとしたら，怒っていない場合と比べてその相手を攻撃する確率は高まっているはずです。あなたがひどく落ち込んでいたら，普段だったら簡単にこなせるような仕事もやる気が出なくて，取りかかることもできないかもしれません。いずれにしても感情が高まっている状態では，冷静なときには思ってもみないような振る舞いをするものです。

進化心理学者のトゥービーとコスミデスは，感情というのは環境の手がかりに反応して私たちの注意・認知・行動を平常運転モードから緊急事態モードに切り替える調整システムなのだと主張します（Tooby & Cosmides, 2008）。例として**恐怖**（fear）という感情について考えてみましょう。もしあなたが森で食料を探しているときに，草むらからカサカサという音がしたとします。あなたの注意の焦点は，果物がなっているかもしれない木から，草むらの方に切り替わるでしょう。また，その時点での目標・動機づけも食料探しから安全確保に切り替わるかもしれません。その結果，あなたはもしものときの隠れる場所や逃げ道に関する情報収集を始めるかもしれません。記憶システムは，過去に同様の場面で自分がどうしたかを検索し始めるかもしれません。もちろん，生理的変化も生じます。例えば，**闘争・逃走反応**（fight-or-flight response）が生じて，あなたの心拍数や血圧は上昇します。

そして行動傾向も変化しているはずです。このような状態で，一緒に森に来た友人があなたの肩をたたいたら，あなたは飛び上がって駆けだすかもしれません。恐怖感情を経験していない場合であれば，もっと落ち着いて返事をするはずです。行動の変化は，もちろん注意，目標，記憶，身体状態の変化があって生じます。例えば，闘争・逃走反応によって生じる生理的変化（身体状態の変化）は，そのときに使えるエネルギーを出し惜しみせずに窮地を脱するための行動に注ぎ込むための準備でもあるのです。

(3) 平均してうまくいった行動

恐怖感情は，闘争・逃走反応を生じさせると言いました。ということは，進化的適応環境では闘争・逃走という行動をとる方が平均して生存率が高かったはずです。あえて「平均して」とつけているのは，これらの行動が常にうまくいくとは限らないからです。ネコに飛びかかる「窮鼠（きゅうそ）」が常に逃げおおせるとは限りません。しかし，闘争・逃走という緊急事態モードで行動する方が，平常運転で対処するよりも平均すればうまくいっていたということです。

認知心理学者の戸田正直は，感情が緊急事態モードで直近の問題解決を促すことを「今ここ」原理と呼びました（戸田，1992）。このような「今ここ」原理に導かれる行動は，場合によっては無謀すぎて非適応的に見えることもあります。しかし，緊急事態にあたって，どういう行動がベストかをじっくりと考え始めるとしたら，それこそ非適応的です。そういう熟慮を飛ばして平均してうまくいく行動に運命を賭けた方がましなのです。

ただし，現代環境は進化的適応環境とは大きく異なっています。バスや電車で移動しているとき，職場でパソコンに向かっているとき，自宅でくつろいでいるときに捕食者や暴漢に襲われることはまずありません。しかし，私たちの感情は，時間のかかる熟慮を飛ばして私たちを行動させますから，感情に駆られた行動は現代環境ではしばしば不適切なものになってしまうかもしれません。これは，ある行動傾向がうまくいっていた進化的適応環境から現代環境が大きく乖離してしまったときに起こると考えられます。ヒトの不適切な行動に対するこのような説明の仕方は，**進化的ミスマッチ仮説**（evolutionary mismatch hypothesis）と呼ばれます（第15章で詳しく扱います）。

2. 嫉妬

(1) 嫉妬の至近要因の性差

ここでは嫉妬感情を例に，進化心理学の感情の捉え方を確認しておきたいと思います。恋愛場面で生じる**嫉妬**（jealousy）は，パートナーをライバルに奪われるかもしれないという手がかりによって喚起される，**配偶者防衛**（mate guarding）の機能をもった感情だと考えられています。感情の機能は平常運転モードから緊急事態モードへの切り替えと言いましたが，パートナーをライバルに奪われそうな場面は，緊急事態というよりも愛憎劇の「修羅場」と表現した方が日常会話ではしっくりきます。しかし，パートナーをライバルに奪われるということは，自分自身の繁殖機会を失うということですから，生物学的な適応という観点からは緊急事態と呼んでよいでしょう。

ここで，パートナーをライバルに奪われるということの意味を男女それぞれの視点から考えてみます。男性にとって配偶場面で重要な適応問題は父性の不確実性でした。つまり，誰か他の男性の子供を，それとは知らずに（自分の子供だと思って）育ててしまうことです。これは，自分のパートナーがライバルと性的な関係をもつことから生じる問題です。つまり，男性の嫉妬感情は，パートナーが他の誰かと性的関係をもつことと密接に結びついているはずです。

一方，女性にとってパートナーをライバルに奪われることで生じる適応問題は，子供に対する父親のサポートを失うことです。少し極端な例を使えば，仮に自分のパートナーが他の女性と性的関係をもったとしても，自分たちの子供のための投資を怠らないのであれば適応上は問題ありません。実際，民族誌的に考えれば一夫多妻の婚姻を認める社会の方がむしろ多数派で，そういった社会では経済力のある男性，つまり子供への投資能力の高い男性が複数の女性と結婚しているのでした。したがって，女性にとってはパートナーの心が離れ，2人の間にできた子供への投資がおろそかになることがより深刻な適応問題です。

このように，配偶者をライバルに奪われるという状況を男女別に具体的に考えてみると，結局，どちらもパートナーの浮気と関係しています。しかし，同じパートナーの浮気であっても，男女によって脅威と感じられる側面が違うことに注意してください。男性にとっては父性の不確実性が生じること，女性にとっては自分の子供への父親の投資が滞ることが適応問題の核心でした。この違いは生物学的適応という観点をとらなければなかなか見えてきませんし，生物学的な適応が私たちの心のはたらきに関係しないのであれば嫉妬に性差はないでしょう。ところが，進化心理学者のデヴィッド・バスらのグループが実際に調べてみると，男性はパートナーが他の男性と性的関係をもったという場面でより強く嫉妬を感じるのに，女性はパートナーの心が他の女性に移り始めているという場面でより強い嫉妬を感じることが明らかになりました(Buss et al., 1992)。

(2) 配偶者保持行動

進化心理学では，感情の機能は行動をより適応的なものに変化させることだと説明しました。それでは，嫉妬は私たちの行動をどのように変化させるのでしょうか。嫉妬が動機づける行動は，恐怖の場合の闘争・逃走反応よりも幅広い内容の行動を含んでおり，まとめて**配偶者保持行動**（mate retention tactics）と呼ばれます。

配偶者保持行動に含まれる行動の例を列挙すると次のようになります：警戒，パートナーの隠蔽（家から出ることを禁じる等），パートナーの時間の独占，パートナーの嫉妬を引き出す行動（他の相手に関心があるように振る舞う等），感情的操作（パートナーにふられたら死んでしまうと言う等），自傷行為などで相手の罪悪感を引き出す，ライバルの中傷，資源の誇示，服従（何でも相手の言うことを聞くと伝える等），「所有」のジェスチャー（ライバルの前で配偶者を自分に引き寄せる等），ライバルへの脅し，パートナーへの暴力，ライバルへの暴力（Buss，1988）。

パートナーへの服従から暴力まで恋愛場面で見られる様々な行動が含まれていて，あえてこれらをひとまとめにする必要があるのだろうかと感じられるかもしれません。また，パートナーの隠蔽，パートナーやライバルに暴力をふるうことは犯罪であって適応的な行動と呼ぶにはふさわしくないと思われるかもしれません。しかし，私たちは進化論の文脈で適応という言葉を使っていることを思い出してください。適応的というのは，生存・繁殖で有利だという意味です。そう考えると，恋愛場面の多様な行動の寄せ集めのように見える配偶者保持行動は，いずれも「今ここ」でパートナーをつなぎとめておくために役に立つという共通点をもっています。常にうまくいくとは限りませが，平常運転モードの冷静な判断で，すぐにパートナーとの関係をあきらめてしまうよりはましでしょう。つまり，進化の究極要因という点で考えれば，どれも同じ適応上の機能をもっているために，ひとまとめにして理解することができるのです。

改めて，進化心理学での適応は，生存・繁殖に有利かどうかという意味でだけ使われていることを強調しておきたいと思います。例えば，日常的な意味では暴力が適応的でないだけでなく，自傷行為も不適応行動です。しかし，不適応行動という場合の「適応」と生物学的な意味での「適応」は，たまたま同じ言葉を使っているだけで意味が違うのです。また，「～である」から「～すべし」の結論を導かないように気をつけてください。嫉妬に駆られた暴力やその他の問題行動は，嫉妬が生物学的な意味で適応的な感情だとしても，そうすべしということにならないだけでなく，進化の産物だから仕方ないということにもなりません。

3. 表情

（1）基本感情と表情

特定の感情状態になったときには，意図しなくても特定の表情がついつい表出されます。例えば，**図 10-1** に示している 6 種類の表情は世界中どこに行っても，それぞれ幸福（喜び），悲しみ，怒り，嫌悪，恐怖，驚きの表情と認識されます。例えば，「懐かしい友人が久しぶりに訪ねてきた」「親が亡くなった」等の架空の場面を示し，主人公がどのような表情をすると思うかを尋ねるとします。このような実験を行ったとき，これら 6 種類の感情であれば，対応する表情が正しく選択されるのです。

図 10-1 は日本人の表情ですが，アメリカ人がそれぞれ幸福，悲しみ，怒り等を表出している表情を撮影し，それを日本人に示しても正しく対応する表情が選ばれます。このように，「写真を撮影した文化」と

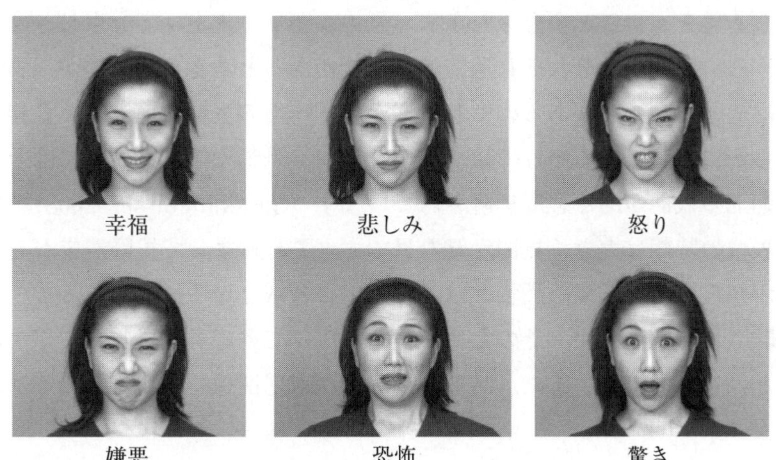

（出典：ATR顔表情データベース，株式会社ATR-Promotions）

図10-1　基本感情とその表情

「ストーリーとの対応関係を尋ねる実験を行う文化」が異なっていても，上記の6感情については正しい対応関係が認識されます。このように感情と表情の対応関係に文化を越えた普遍性があることから，これら6種類の感情は基本感情と呼ばれます。

しかし，現代人はテレビや映画を通じて外国の人達の表情を見ています。中には海外旅行で実際に現地の人達の表情を見たことがある人もいます。そうすると，外国人の表情を正しく認識できるとしても，それは単なる知識に基づく関連づけがあるというだけではないでしょうか。この批判に反論するため，基本感情説の提唱者であるポール・エクマンは，西洋人と初めて遭遇（ファーストコンタクト）したばかりの部族社会に出向き，そこで表情とストーリーの対応関係実験を行いました(Ekman & Friesen，1971)。その結果，それまで西洋人の表情に接したことがなかった人達もストーリーと表情を正しく対応させることができたのです。

（2）表情の適応的意味

表情に文化を越えた普遍性があるということは，表情の表出が生物学的な基盤をもつことを意味します。恐怖が闘争・逃走反応を生じさせるように，感情にはそれぞれ適応的な意味があると考えられますが，表情には適応的な意味があるのでしょうか。すべての表情の適応的な意義が明らかにされているわけではありませんが，恐怖や嫌悪についてはその適応上の機能がある程度理解されています（Susskind et al.，2008)。恐怖表情の特徴は大きく見開かれた目です。これによって視野が広がることが知られています。恐怖とは，環境中に脅威となる対象があるときに経験される感情です。そのため，視野を広げて脅威を発見しやすくすることは適応的です。また，ストーリーとの対応関係を調べる研究では，恐怖と驚きの表情を取り違える間違いが起こりやすいことが知られています。これは恐怖と驚きが見開いた目という特徴を共有しているからです。驚きも環境に何か予想に反するものが存在する場合に経験される感情ですから，視野を広げることは適応的でしょう。

一方，嫌悪表情の特徴は鼻によった皺（しわ）です。嫌悪感情は有害物質を体内に取り込まないようにするという機能をもつ感情だと考えられています。そのため，腐った食べ物を口に入れると嫌悪感が生じ，すぐにその食べ物を吐き出すという反応が生じます。その場合，口の外に突き出した舌も嫌悪表情の特徴です。一方，有毒な気体がある場合には，できるだけそれを吸い込まないようにしようとするのが適応的です。鼻の皺は鼻腔をしぼってそこを通る空気の量を減らすときに生じます。

（3）シグナルとしての表情

しかし，すべての表情に恐怖や嫌悪の場合のような直接的な機能があるとは限りません。また，恐怖や嫌悪の表情も，視野を広げる，有毒な気体を体内に入れないというだけなら，あれほど傍から見てわかりやすいものである必要はないかもしれません。表情はもともと直接的な機能のために進化したものが，コミュニケーションという別の機能に**外適応**（exaptation）したものだと考えられています（Shariff & Tracy, 2011)。外適応とは，ある特性が進化の過程でそもそも担っていた機能とは別の機能を獲得することです。鳥の羽毛がしばしば例として挙げられます。鳥の羽毛はそもそも体温調整の機能をもっていたと考えられていますが，進化の過程で飛ぶために使われるようになりました。

表情についても，そもそもは視野を広げるとか有毒な気体を体内に入れないという機能をもっていた（今でもその機能があってもかまいません）ものが，それを見た他者が目を見開くとか鼻に皺ができるという特徴を使って感情を推測するようになったかもしれません。そして，他者の反応は表情を表出している人にとっても役立つものだったかもしれません。例えば，恐怖表情を見た人が一緒に環境にある脅威を探してくれれば，素早く脅威を発見して共同で対処できるということがあったかもしれません。もしこのようなお互いの利益にかなう状況があれば，表情の表出はより他者にわかりやすいように，その特徴を強調したものに進化するはずです。

このように，表情の進化については，その直接的な機能に着目するだけではなく，自分自身の感情状態を他者に伝えるシグナル機能を重視する仮説が提唱されています（Fridlund，1994）。例えば，幸福な感情に伴う笑顔については，他者が見ている（あるいは他者が見ていると想定される）場面ほど表出されやすいことが知られています。具体的には，ボーリングでストライクを取った後には嬉しくて笑顔になりそうなものですが，友人と一緒でなければ笑顔は表出されません。赤ちゃんについても，お母さんが自分に笑顔を向けているときほど笑顔を表出しやすいようです。笑顔に反応してくれる相手がいない場面では笑顔が表出されないとすれば，笑顔は単に嬉しいとか幸福だという感情に伴って自然に表出されるのではなく，そのようなポジティブな感情を相手に伝えるという機能をもっているのだろうと推測されます。

ただし，それぞれの感情を他者に伝え，場合によってはその感情を共有することが，具体的にどのような適応上のメリットをもっていたのかについては感情ごとに違っているはずですが，現状では必ずしも明確な説明があるわけではありません。この説明が難しい理由の1つは，第13章で紹介するシグナルを介したコミュニケーションの進化が，送り手と受け手の共進化になっている（両者に適応上のメリットがなければならない）ためです。

《学習課題》

1．配偶者保持行動には社会的に非難されない行動（例えば，相手の言うことを聞くと伝える「服従」）から反社会的行動（例えば，パートナーやライバルに対する暴力）を含みます。このような多様な行動をひとまとめにするのは，これらが適応という観点から考えると同じ機能をもっているからです。その適応上の機能とはどのようなものですか。

【解説】　恋人にふられそうなとき，泣き落としと暴力をふるうことではまったく違いますが（前者は犯罪ではありませんが後者は犯罪です），その結果，恋人が自分との関係にとどまったらどうでしょうか？　恋人との関係を維持するという目的に資する（その結果，その相手と子供をもうけることができる）という意味では，表面的にはまったく違う行動が，進化という文脈では同じ機能をもっていると言うことができます。その適応上の機能は恋人を自分との関係につなぎとめることです。

2．恐怖感情が闘争・逃走反応を生じさせることが適応的であるのはなぜでしょうか。

3．表情が外適応であるというのはどういうことでしょうか。外適応という用語の意味を確認してください。

引用文献

Buss, D. M. (1988). From vigilance to violence: Tactics of mate retention in American undergraduate. *Ethology and Sociobiology*, *9*(5), 291–317. https://doi.org/10.1016/0162-3095(88)90010-6

Buss, D. M., Larsen, R. J., Westen, D., & Semmelroth, J. (1992). Sex differences in jealously: Evolution, physiology, and psychology. *Psychological Science, 3*(4), 251–255. https://doi.org/10.1111/j.1467-9280.1992.tb00038.x

Ekman, P., & Friesen, W. V. (1971). Constants across cultures in the face and emotion. *Journal of Personality and Social Psychology, 17*(2), 124–129. https://doi.org/10.1037/h0030377

Fridlund, A. J. (1994). *Human facial expression: An evolutionary view*. Academic Press.

Shariff, A. F., & Tracy, J. L. (2011). What are emotion expressions for? *Current Directions in Psychological Science, 20*(6), 395–399. https://doi.org/10.1177/0963721411424739

Susskind, J. M., Lee, D. H., Cusi, A., Feiman, R., Grabski, W., & Anderson, A. K. (2008). Expressing fear enhances sensory acquisition. *Nature Neuroscience, 11*(7), 843–850. https://doi.org/10.1038/nn.2138

戸田正直（1992）．『感情─人を動かしている適応プログラム』 東京大学出版会

Tooby, J., & Cosmides, L. (2008). The evolutionary psychology of the emotions and their relationship to internal regulatory variables. In M. Lewis, J. M. Haviland-Jones, & L. F. Barrett (Eds.), *Handbook of emotions* (3rd ed., pp. 114–137). Guilford Press.

参考図書

★ 大平英樹（編）(2010)．『感情心理学・入門』 有斐閣

11 協力の進化

《学習のポイント》 第4章で確認したように利他行動は進化論の謎ですが，血縁個体同士の利他行動の進化は血縁淘汰で説明できました。それでは，非血縁個体同士の利他行動はどうでしょうか。もし，同じ2個体間で利他行動が繰り返されるのであれば，これは単なる利他行動ではなく互恵的な関係（相互協力関係）になります。このような互恵的な協力関係は進化可能です。この章では，相互協力を維持しつつ，相手からつけこまれないようにするにはどうしたらよいのかを囚人のジレンマというゲーム理論の枠組みを使って考えます。

《キーワード》 互恵的利他主義，協力，囚人のジレンマ，応報戦略（しっぺ返し，tit-for-tat, TFT），進化的安定戦略，最後通牒ゲーム，感謝

1. 互恵的利他主義と囚人のジレンマ

（1）互恵的利他主義

第4章で進化論的な意味での利他主義の定義を紹介しました。進化論的に考えると，自分自身の適応度を下げ（コスト c をかけて）他個体の適応度を上げる（利益 b を授ける）ことが利他行動でした。適応度とは次世代に遺伝子のコピーが残る程度で，進化とは遺伝子頻度の変化です。このように考えると，利他行動をとらせる遺伝子が次世代で増えることはない，つまり進化しえないように思えます。それなのにヒトの社会だけでなく動物の社会にも利他行動が広く観察されることが利他行動の謎でした。なぜ，進化できないはずの行動パターンが広く観察される

のでしょうか。

ひとつの答えは第 4 章で紹介した血縁淘汰です。利他行動が血縁関係のある相手に選択的に向けられるのであれば，そして $rb > c$ という関係（ハミルトン則）が満たされるのであれば，利他行動をとる遺伝子の包括適応度（自分自身と自分のコピーの適応度を合計したもの）が上昇するので利他行動は進化するのでした。しかし，これではまだ血縁関係にない個体に向けられる利他行動を説明することはできません。それにもかかわらず，人間社会だけでなく動物の社会にも非血縁個体に対する利他行動が存在しています。

このような非血縁個体間の利他行動も，同じ二個体の間で「困ったときにはお互い様」という関係になっていれば進化可能かもしれません（Trivers, 1971）。具体的には，困ったときに助けてもらう利益（b）が困った相手を助けてあげるコスト（c）を上回るのであれば，特定のパートナーと助け合う関係をもつ方がそういう関係をもっていないよりも適応的になります。この考え方は，**互恵的利他主義**（reciprocal altruism）と言われます。しかし，日常的には利他主義や利他行動は見返りを期待しないことを指すことが多いので，**協力**（または協力行動：cooperation）と呼ぶこともあります。

互恵的利他主義の例としては，チスイコウモリの血のやり取りが挙げられます（Wilkinson, 1990）。チスイコウモリは夜中にウマやブタ等の大型の哺乳類の血を飲んで，朝にはねぐら（洞窟や大きな木のうろ）に戻ります。このとき，夜の間に血を飲むことができなかった空腹の個体がいると，別の個体が未消化の血を吐き出して分けてあげることが知られています。せっかく摂取した食料を吐き出して，別の個体に分けてあげるので，これは利他行動です。このような血を分け与える事例の多くは母親から子供に対するもので子育て行動（したがって血縁淘汰によるもの）として理解できます。しかし，血縁関係にない個体に血を分け与えるという例も一貫して観察されます。そして，この非血縁個体間での血のやりとりは，普段からねぐらで近くにいたり，一緒に行動している個体同士での交換関係になっていることが確認されています。

（2）囚人のジレンマ

お互いにコスト（c）をかけて相手に利益（b）を与える，いわゆるお互い様の関係は，ゲーム理論で**囚人のジレンマ**（prisoner's dilemma）と呼ばれる利得構造をもっています。囚人のジレンマとは，2人の囚人が仲間を裏切るか協力するかというストーリーで説明される状況を指しています。ある大きな犯罪をおかした2人組が逮捕されたと考えてください。この2人は別々の部屋で取り調べを受け，警察から「自白すれば罪を軽くしてやる」と司法取引をもちかけられます。自分だけが自白すれば捜査に対する貢献で無罪にしてもらえます。しかし，裏切られた相手は長い期間刑務所で過ごすことになります。それを避けようと，相手も自白しているかもしれません。その場合，さすがに2人とも無罪放免にはなりませんから，2人ともそこそこの期間刑務所に入ることになります。一方，2人とも黙秘すれば，証拠不十分でどちらも重い罪には問われません。ですが，こういった容疑者は叩けば埃が出るでしょうから，小さな罪で少しの間刑務所に入ることになるかもしれません。

今のストーリーを整理しましょう。一番長く刑務所に入るのは，一方的に裏切られた場合（自分は黙秘したのに相手が自白した場合）です。この状況を（黙秘，自白）と書くことにしましょう（左側が自分の選択，右側が相手の選択です)。次に刑期が長いのは，2人ともが自白してしまった場合（自白，自白）です。それよりも，2人とも黙秘する場合（黙秘，黙秘）の方が刑期は短くなります。相手を一方的に裏切れば

（自白，黙秘），自分は無罪放免になりますから，それが一番刑期が短い場合です。

ここで，刑期は短ければ短いほど望ましい結果ですから，自分にとって望ましい順に並べ替えるならば，（自白，黙秘）$\succ$（黙秘，黙秘）$\succ$（自白，自白）$\succ$（黙秘，自白）となります（「$\succ$」はその左側が右側よりも望ましいという意味です）。このうち（黙秘，黙秘）$\succ$（自白，自白）という望ましさの順序が意味するのは，囚人同士が協力して２人とも黙秘する方が２人とも自白するよりも望ましいということです。しかし，自白しておけば，うまくすれば無罪放免になりますし，相手が自白していた場合，１人だけ長期間収監されるという最悪の事態を避けることもできます。そのため，ついつい自白を選びがちになります。両者が共にそのように考えると，結果は（黙秘，黙秘）よりも望ましくない（自白，自白）になってしまいます。（黙秘・黙秘）が望ましいのは相手にとっても同じです。このように，双方にとって望ましい（黙秘，黙秘）をなかなか達成できない状況なのでジレンマと呼ばれます。

（３）利他行動と囚人のジレンマ

この囚人のジレンマは，自らはコスト（c）を負って相手に利益（b）を授けるという利他行動をお互いにとるかとらないかという話に置き換えることができます。囚人の黙秘・自白をそれぞれ相手に対する協力・非協力と読み替えます。また，ゲーム理論の用語にならって，囚人もプレイヤーと呼ぶことにします。２人のプレイヤーの選択肢（ここでは，協力と非協力）とそれぞれの場合の得点をまとめると**表 11-1** のような利得行列になります。

行列の中の異なる行に協力・非協力の選択肢が割り振られて示されているプレイヤーを行プレイヤー，列に協力・非協力の選択肢が割り振られているプレイヤーを列プレイヤーと呼びます。2人の協力と非協力の選択の組合せで4つの場合が考えられます。行列の4つのセルには，「＼」の左側に行プレイヤーの得点，右側に列プレイヤーの得点が書かれています。

では，**表11-1**が囚人が自白するかどうかの例と対応していることを確認してみましょう。ここでは，簡単のためにbとcに適当な正の数値を代入して考えます。ただし，協力関係が「お互い様」になるためには，困ったときに助けてもらう利益（b）が困った相手を助けるコスト（c）よりも大きくなければなりませんから，$b>c$という関係が満たされるようにします。そこで，ここではb=2，c=1を代入して考えることにします。代入してできた利得行列は**表11-2**です。

まず4つのセルのうち左上のセルは，（協力，協力）の組合せです。

表11-1　囚人のジレンマの利得行列

		列プレイヤーの選択	
		協力	非協力
行プレイヤーの選択	協力	$b-c$ ＼ $b-c$	$-c$ ＼ b
	非協力	b ＼ $-c$	0＼0

表11-2　囚人のジレンマの利得行列の例
（表11-1のbに2，cに1を代入した場合）

		列プレイヤーの選択	
		協力	非協力
行プレイヤーの選択	協力	1 ＼ 1	−1＼2
	非協力	2 ＼ −1	0＼0

このとき両者とも相手から2点（利益）を受け取りますが，相手に2点を与えるために1点（コスト）を支払いますから，お互いに1点（$b - c$）を獲得します。右上のセルは，行プレイヤーが協力，列プレイヤーが非協力を選んだ組合せ（協力，非協力）の得点を表しています。一方的に協力した行プレイヤーは−1点（$-c$）と損をしますが，列プレイヤーは一方的に協力されて2点（b）と得をしています。左下はその反対で，行プレイヤーが列プレイヤーの協力を一方的に搾取する場合です。この場合は先ほどと逆で，行プレイヤーが2点，列プレイヤーが−1点になります。右下は両者が非協力を選ぶときです。お互いにコストも支払わないし，利益も受け取りませんから0点ずつです。

では，これを行プレイヤーの視点から見て，望ましい順に並べてみましょう。（非協力，協力）≻（協力，協力）≻（非協力，非協力）≻（協力，非協力）です。**表11-2**に示した得点で見ると（2, −1）≻（1, 1）≻（0, 0）≻（−1, 2）で，確かに左側の行プレイヤーの得点が大きい順に並んでいます。これは，先ほどの囚人の例で考えたジレンマと同じ利得構造をしています。この状況では，お互い様の関係である相互協力（利得行列の左上の結果）が望ましいように感じられます。ところが，実際には相互協力関係の達成はなかなか難しいのでした。ゲーム理論の分析でも，各プレイヤーにとっての囚人のジレンマでの合理的選択は「非協力」とされています。つまり，両プレイヤーが合理的に選択をすると相互非協力（利得行列の右下の結果）に陥りがちなのです。

2. 繰り返しのある囚人のジレンマと応報戦略

（1）繰り返しのある囚人のジレンマ

囚人のジレンマでの合理的選択が非協力であるという先の結論は，囚人のジレンマを1回だけプレイする場合のものです。同じプレイヤーが囚人のジレンマを繰り返しプレイする場合には，相互協力が達成・維持される可能性があります。このことを最初に示したのは，政治学者のロバート・アクセルロッドによる戦略選手権でした（Axelrod, 1984）。アクセルロッドは世界中の囚人のジレンマ研究者に，2人のプレイヤーが繰り返し囚人のジレンマをプレイする場合に，どのような行動規則で協力・非協力の選択をすると利益を最大化できると思うかを尋ねました。ここでの行動規則は**戦略**（strategy）と呼ばれます。アクセルロッドの呼びかけに応じて，多くの研究者がこれぞという戦略を考案し選手権に応募しました。

ここで戦略としてどのようなものが考えられるのか，少し具体例を使って検討しておきましょう。1回限りの囚人のジレンマでは，協力を選ぶ，非協力を選ぶ，確率的にどちらかを選ぶ（例えば，サイコロを振って協力か非協力を決める）くらいしか戦略はありません。しかし，同じ相手と何度も繰り返し囚人のジレンマをプレイするのであれば，もっと巧妙な戦略を考えることができます。例えば，ゲームの序盤では相手の出方をうかがう（自分の非協力の後に相手がどれくらい協力を選んでくれるのか，自分が協力した後はどうかを計算する）という戦略がありえます。この戦略は，今回の対戦相手とは相互協力を選び続ける方が良いのか，あるいは相手は「お人好し」な戦略なので，自分は非協力を選び，相手を搾取する方が得なのかを見極めてゲームの後半をプレイするでしょう。これは繰り返しがある状況で利用可能な戦略の一例ですが，同じ囚人のジレンマであっても1回限りの場合と繰り返しがある場合とでは，とりうる戦略の複雑さがまったく違うことがわかります。

（2）応報戦略

それでは，戦略選手権で優勝した戦略はどのような戦略だったのでしょうか。先に紹介した相手の出方を見極めるという戦略は極めて高度で複雑な計算をしてゲームをプレイするわけですが，果たして高得点を獲得して優勝することができたのでしょうか。実は優勝した戦略は，初回は協力しておき，2回目以降は前回の相手の選択をそのまま真似るという，応募された戦略の中でもっとも単純なものでした。これは**応報戦略**または**しっぺ返し戦略**（tit-for-tat strategy）と呼ばれ，TFTと略されることもあります。この教科書では「応報戦略」を使うことにしますが，他の本で「しっぺ返し」，「tit-for-tat」，「TFT」と書いてあってもまったく同じ戦略のことを指しています。

高度で複雑な計算を行う他の多くの戦略をさしおいて，なぜ応報戦略のような単純な戦略が優勝できたのでしょうか。応報戦略を優勝に導いたのは，上品さ，報復性，寛容さという3つの特徴です。上品な戦略とは，自分から積極的に非協力を選ばないという特徴です。応報戦略は初回は協力して，それ以降は前回の相手の選択を真似ます。そのため，相手が先に非協力を選ばなければ，自分から率先して非協力を選ぶことはありません。これが戦略の上品さです。報復性とは，相手が非協力を選ぶと自分も非協力を選ぶことを指しています。相手の非協力に自分自身も非協力を選んで応戦することを意味します。寛容さとは，相手がこれまでどれだけ非協力を選んでいたとしても，ひとたび協力を選べば過去の来歴を水に流して自分自身も協力を選択することです。

上品さ，報復性，寛容さがなぜ有利なのかを確認するために，まず繰り返しのある囚人のジレンマでは，どのような場合に高得点を上げることができるのかを，**表 11-2** を使って考えてみます。**表 11-2** の中でもっとも高い点数は相手の協力を一方的に搾取する場合の2点です（逆に最も低い点数は相手から一方的に搾取された場合の－1点です）。つまり，相手を搾取し続けることができれば有利です。しかし，相手はどれも戦略選手権で高得点をあげることを狙って応募された戦略です。何度も搾取を許すようなお人好しな戦略ではないでしょう。それならば，2番目に望ましい結果である相互協力を継続し，1点を毎回得る方がよいでしょう。これでも10回繰り返せば10点，100回繰り返せば100点になります。相手と協力関係を構築できず不毛な相互非協力だと何度繰り返しても0点のままです。

応報戦略は，上品さをもっていて自分からは非協力を選びませんから，相手も上品な戦略であれば相互協力を継続できるので，高得点につながります。しかし，相手は必ずしも上品とは限りません。その場合，相手が非協力を選んだ後，すぐさま自分も非協力を選択することで相手から搾取されて損をする被害を最小限に抑えることができます。そうなると，相手は応報戦略には非協力を選んでも割に合わないことを悟って協力に転じるかもしれません。そのとき，寛容さのある応報戦略は，すぐに相手が改心したことを受け入れ，自分自身も協力を選ぶので相互協力に復帰できます。つまり，応報戦略は報復性により一方的に搾取される被害を最小限に抑えつつ，上品さと寛容さで可能な限り相互協力を達成・維持することができる戦略なのです。維持可能な協力関係は維持しつつ，搾取は断固拒否するところが応報戦略の強さの秘訣です。

（3）進化的安定性

それでは，進化という観点から見て，応報戦略をとることは適応的なのでしょうか（Axelrod & Hamilton, 1981）。これについては応報戦略の**進化的安定性**（evolutionary stability）という側面を考えます。具体的には，応報戦略をとらせる遺伝子が集団の中にすでに広がっている場合に，突然変異で一切協力をしない非協力戦略が現れたときに何が起こるかを考えてみます。仮に非協力戦略の遺伝子が集団の中で増えていくのであれば，応報戦略は安定した集団を築くことができないということになります。

例えば，100 人の応報戦略プレイヤーからなる集団のうち 1 人が突然変異で非協力戦略をとるようになったと考えましょう。100 人が 50 ペアに分かれて**表 11-2** に示した囚人のジレンマ・ゲームを 200 回プレイするとします。98 人の応報戦略プレイヤーは 200 点（1 点× 200 回）を得ます。非協力戦略とペアになった応報戦略は 1 回目に協力して 1 点損をしますが，それ以降はずっと非協力で相手に対応するので −1 点でゲームを終えます。一方，非協力戦略は 1 回目こそ 2 点を得ますが，それ以降は応報戦略が協力してくれないので 2 点のままで 200 回のゲームを終えます。ここで，応報戦略と非協力戦略の適応度が囚人のジレンマの点数だけで決まるとします。大多数の応報戦略プレイヤーは 200 点を得ているので，平均すると非協力戦略よりも得点が高くなります。したがって，応報戦略ばかりの集団ができたら，その集団に非協力戦略の遺伝子が広がることはありません。このとき，応報戦略は非協力戦略に対する**進化的安定戦略**（evolutionarily stable strategy）と言います。

3. ヒトの互恵性

（1）報復の心理

私たち人間に「やられたらやり返す」という報復性があることは自明のように思われます。例えば，**最後通牒ゲーム**（ultimatum game）と呼ばれる課題を用いた行動経済学実験の結果は，ヒトは不公平な扱いを受けると，自分が損をしても相手に思い知らせようとする（やり返そうとする）ことを示しています。

最後通牒ゲームとは，2 人で資源分配を行う場面を模した実験課題です。実験に参加する 2 人のうち 1 人は資源分配方法の提案を行う提案者，もう1人は応答者役を割り振られます。提案者は実験者から与えられたお金（例えば1,000円）を2人の間でどのように分けるかを決めて，それを応答者に提案します。応答者がその提案を受け入れれば，2人は提案者が提案した通りの金額を受け取りますが，応答者が拒否すれば2人とも何ももらえません。

経済学が想定する合理的人間観に基づいて考えれば，応答者は0円よりも大きな金額であれば拒否しないはずです（たとえ1円しかもらえないとしても拒否した場合の0円よりも得だからです）。そして，そのことを見越した提案者は相手に1円だけ渡して自分は999円を受け取るという提案をするはずです。しかし，実験室に実際の人間のプレイヤーを招いて実験をすると，「合理的人間」とはまったく違う振る舞いをします。多くの応答者は不公平な提案（例えば，相手が1,000円のうち800円を取るという提案）を高い確率で拒否し，提案者もそのことを見越して極端に不公平な提案はしません。

これは日常的に経済交換を行う近代化された社会でだけ観察されるパターンではありません（Henrich et al., 2004）。人類学者のグループが世界の15の民族を対象に最後通牒ゲーム実験を行いましたが，多くの民族では資源を平等に分配する提案がなされ，不公平な提案がなされたときには拒否されました。もちろん，例外的な社会もあり，ペルーのマチゲンガ族では資源の15％しか相手に渡さないという提案が頻繁になされ，応答者はそのような不公平な提案の多くを受け入れていました。

最後通牒ゲームでの不公平な提案の拒否は，過剰な報復性のようにも思えます。応報戦略の場合，相手の非協力に対して非協力を選択することは，単にコストcを支払わないという選択（つまり，損のない選択）でした。一方，最後通牒ゲームでの拒否は，相手に思い知らせるために自分自身の報酬（たとえどんなに小さな報酬だとしても）を棒に振る必要があります。このやや過剰な反応は，自分は搾取を許さない人間だと宣言しているのと同じです。したがって，相手からのさらなる搾取（不公平な分配提案）を抑止する効果が期待できます。

（2）感謝と返報性

応報戦略には相手の協力に対して協力を返すという側面（返報性）もあります。これについては，感謝感情が至近要因として返報を促すということが知られています。感謝感情には，お互いの協力行動を2つのやり方で促進する可能性があります。まず，私たちは誰かに助けてもらい感謝すると，その相手に協力的に振る舞うようになります（Bartlett & DeSteno, 2006）。例えば，あなたが仕事で困っているときに，誰かがアドバイスをくれて仕事を無事に終えることができたとします。あなたは，アドバイスをくれた相手に感謝するでしょう。その後，アドバイスをくれた相手があなたに何かを依頼したら，あなたは相手に感謝していないときよりも相手の依頼に応じやすいはずです。

また，誰かに協力的に振る舞った後，相手から感謝されると，「また助けてあげてもよい」という気持ちになるようです（Grant & Gino, 2010）。人間関係を円滑にするためのハウツー本には，感謝の気持ちを口に出して相手に伝えることを勧めるものが少なくありません。実際，「ありがとう」と感謝の気持ちを口にすることで，相手はあなたをまた助けてあげたいと思うようになるのです。

このことからわかることは，私たちは意識的に応報戦略を理解して，それを実際の人間関係に適用しようとする必要はないということです。そんなことをしなくても，相手からひどい扱いを受ければ報復したいと思いますし，相手から助けてもらえば相手に感謝して，何かお返しをしたいと思います。また，相手から感謝されると，感謝された側も協力的な関係を維持したいと思うようになります。そして，各人がこのような報復性，（感謝感情に基づく）返報性をもっていると，自ずと互恵的な関係が形成されやすくなります。

《学習課題》

1．互恵的利他主義による相互協力が進化するためには，相手の協力から得られる利益（b）と自分自身が相手に協力するためのコスト（c）の間に，どのような大小関係がなければなりませんか。
2．応報戦略の3つの特徴を挙げ，それぞれどのような特徴かを簡潔に説明してください。
3．感謝という感情には相互協力を促進する2通りのはたらきがあると考えられます。それぞれどのようなはたらきでしょうか。

引用文献

Axelrod, R. (1984). *The evolution of cooperation*. Basic Books. ロバート・アクセルロッド（著）　松田裕之（訳）(1998).『つきあい方の科学―バクテリアから国際関係まで』　ミネルヴァ書房

Axelrod, R., & Hamilton, W. D. (1981). The evolution of cooperation. *Science*, *211*(4489), 1390–1396. https://doi.org/10.1126/science.7466396

Bartlett, M. Y., & DeSteno, D. (2006). Gratitude and prosocial behavior: Helping when it costs you. *Psychological Science*, *17*(4), 319–325. https://doi.org/10.1111/j.1467-9280.2006.01705.x

Grant, A. M., & Gino, F. (2010). A little thanks goes a long way: Explaining why gratitude expressions motivate prosocial behavior. *Journal of Personality and Social Psychology, 98*(6), 946–955. https://doi.org/10.1037/a0017935

Henrich, J., Boyd, R., Bowles, S., Camerer, C., Fehr, E., & Gintis, H. (Eds.). (2004). *Foundations of human sociality: Economics experiments and ethnographic evidence from fifteen small-scale societies.* Oxford University Press.

Trivers, R. L. (1971). The evolution of reciprocal altruism. *Quarterly Review of Biology, 46*(1), 35–57. https://doi.org/10.1086/406755

Wilkinson, G. S. (1990). Food sharing in vampire bats. *Scientific American, 262*(2), 76–82. https://doi.org/10.1038/scientificamerican0290-76

参考図書

- ロバート・アクセルロッド（著）　松田裕之（訳）（1998）．『つきあい方の科学―バクテリアから国際関係まで』　ミネルヴァ書房
- 小林佳世子（2021）．『最後通牒ゲームの謎―進化心理学からみた行動ゲーム理論入門』　日本評論社
- 大坪庸介（2021）．『仲直りの理―進化心理学から見た機能とメカニズム』　ちとせプレス

12 大規模な集団における協力

《学習のポイント》 第11章では互恵的な相互協力の進化について考えましたが，ヒトは今後お返しをしてくれないような相手に協力することもありますし，自分が所属する集団のためにコストを支払って献身的に働くこともあります。こうした高い協力傾向は他の動物には見られないヒトの特徴ですが，それがどのように進化したのかについて，誰もが納得する説明はまだありません。それでももっともらしい説明はあります。この章では間接互恵性と強い互恵性という説明を紹介します。
《キーワード》 社会的ジレンマ，間接互恵性，評判，フリーライダー問題，強い互恵性，罰

1. 間接互恵性

(1) 情けは人のためならず

互恵的利他主義は繰り返しつき合う相手との協力関係の進化を説明します。しかし，道に迷って困っている人がいたら，それが血縁関係もない見知らぬ人であったとしても，私たちは道案内をしてあげたり交番の場所を教えてあげたりするのではないでしょうか。つまり，今後つき合う可能性のない相手にも親切にすることがあるのです。このとき，親切にする（協力する）ことには時間や労力といったコストがかかります。その一方，親切にしてもらった側には利益が生じています。これが2者間の相互協力であれば，協力のために支払ったコスト（c）は相手が協力してくれることから得られる利益（b）により相殺されるだけでなく，

$b>c$ であればむしろお釣りがくるのでした。ところが，見知らぬ相手からのお返しは期待できませんから，コストは払いっぱなしになってしまいます。

このように考えると，血縁関係も将来お返しをしてくれる見込みもない人に親切にすることは，美徳ではあっても進化しようがないことのように思えます。しかし，日本語にはこのような親切を奨励する言い回しがあります。それは，「情けは人のためならず」です。文化庁月報（平成 24 年 3 月号）によれば，この言葉の意味を「人に情けを掛けて助けてやることは，結局はその人のためにならない」と解釈する誤解が広がっているとのことですが，本来の意味は「人に情けを掛けておくと，巡り巡って結局は自分のためになる」というものです[1]。つまり，将来お返しをしてくれる見込みのない人に対する親切も，「巡り巡って」割に合うという考え方です。これは親切を推奨する理念としてはよいかもしれませんが，ここまで見てきたように自然淘汰が生み出す適応的形質は，必ずしも現代の私たちの価値観に合ったものではありません。果たして「情けは人のためならず」で親切は進化するのでしょうか。

（2）間接互恵性と進化的安定性

進化心理学では，この考え方は**間接互恵性**（indirect reciprocity）と言われ，評判情報を利用可能な状況では進化的に安定になることが知られています。直接的な互恵関係で有効な戦略は応報戦略で，相手が協力してくれたら自分も協力し，相手が協力してくれなかったら自分も協力しないというものでした。そこで，この応報戦略を同じ相手とは二度とつき合わないという前提に合わせて少し変更してみます。例えば，過去に誰か他の人に協力してあげた協力的な「善人」には協力し，過去に他の人に協力してあげなかった「悪人」には協力しないとしたらどうで

1　文化庁月報　平成24年3月号（No. 522）．https://www.bunka.go.jp/pr/publish/bunkachou_geppou/2012_03/index.html

しょうか（ここでは，「善人／悪人」を「過去に協力した人／しなかった人」という限定的な意味で使います）。困っている人を助けてあげた人は善人とみなされますから，自分が困ったときに誰かが手を差しのべてくれるでしょう。手を差しのべてくれる人がかつて自分が助けた相手である必要はありません。一方，過去に親切をしぶった人は悪人とみなされていますから，自分が困ったときに誰からも助けてもらえません。

ある集団では，全員がこの善人を助け悪人を助けないという戦略で行動しているとします。相手の素性がわからなければとりあえず助けておくとすれば，最初は全員が誰かを助けてあげることになり，この集団では誰かが困っていればそれを見た他の誰かが助けてくれるという状況が生まれています。時々cを支払いますが，自分が困ったときにはそれより大きなbが戻ってくるので，長い目で見れば割に合っている状況です（$b-c$を繰り返し得るのと同じです）。ここに誰にも協力しない非協力戦略をとる人がやってきたとします。この人は困った人を助けないので誰からも助けてもらえません。つまり，困った人を助けるコストcは節約できますが，困ったときに助けてもらえないわけです（利得は常に0になります）。互恵的利他主義の場合と同様，$b-c>0$なので，善人を助け悪人を助けない戦略の集団は非協力戦略に対して進化的に安定になり，その侵入を許しません（Nowak & Sigmund，1998）。

（3）評判を気にする心

ここまでの説明を読むと，間接互恵性による協力（将来お返しをしてくれることが期待できない見知らぬ相手に対する協力）の進化には，善人を助け悪人を助けないという戦略が必要でした。これはとても単純な戦略なので，ヒト以外の種でも間接互恵性が進化していないのか疑問に感じられるかもしれません。ここで，何によって他者を善人・悪人と区別するかをよく考えてみましょう。この区別のために使われる基準は，相手の過去の振る舞いです。しかし，小さな村社会であったとしても村人全員がいつ何をしたかを逐一観察することはできません。それなのに，誰が善人で誰が悪人かを見分けることができるのは，「あの人はお年寄りに電車で席を譲った」「この人は落とし物の財布を拾って警察に届けなかった」といった評判情報が使えるからです。そして，このような評判情報は噂話（ゴシップ）によって集団の中に広がります。第2章で紹介した社会脳仮説は，言語の適応的機能はゴシップによって集団内に評判情報を広げることだと考えています（ただし，第13章で説明するように，この説明は必ずしもすべての研究者に受け入れられているわけではありません）。

言語の主たる機能がゴシップかどうかはさておき，ヒトが評判情報に敏感であることは確かです。例えば，実験室に複数の参加者を集めて，ランダムに選んだ相手に手元の資源を渡すかどうかを決めてもらうとします。手元の資源を渡すと自分は資源を失うので損します（cを失います）。しかし，相手はそれ以上の利益（b）を得るとすれば，ここには囚人のジレンマと似た状況が生じます。

このような実験を，特定の参加者の視点で見てみます。あなたが今資源を渡すかどうかを考えている相手について，過去の行動履歴がわかったらどうでしょうか。相手がこれまでに他の参加者に資源を渡していたら自分も資源をあげてもいいけれど，これまでに他の人達に資源を渡していなかったら自分も資源を渡さないという判断をするのではないでしょうか。これは典型的な間接互恵性実験の結果です（Wedekind & Milinski, 2000）。この実験では相手が善人であるか悪人であるかの「評判」は実験者から提供されますが，実際にはこのような評判情報はゴシップを通じて共有されていると考えられます。

私たちは他者の評判を気にするだけでなく，自分自身の評判も気にします。例えば，節電のための施策に協力するかどうかを決めなければならない状況を考えましょう（この施策に協力すると，ピーク時に電力会社があなたの家の電気温水器等を自動でオフにできるので，多少の不便を被ることになります）。そして，このとき，誰が協力しているのか（そして誰が協力していないのか）が近隣の住人にわかるとしたらどうでしょうか。まさにこのような状況を扱ったフィールド実験によって，誰が協力しているのかがわからない場合と比べて，誰が協力しているのかがわかる状況では，協力率が上がる（＝不便を甘受して協力する人が増える）ことが明らかになりました（Yoeli et al., 2013）。誰が協力しているかどうかがわかる状況では，人々は節電に非協力的な人物だという悪い評判が立つことを避けようとしたのだと考えられます。

人々が評判の良い相手に協力する傾向があることの裏返しは，評判が悪くなると協力してもらえないということです。そのため，人々は自身の評判を良くするためなら，多少コストを支払っても，そしてその相手が見知らぬ人で将来お返しをしてくれる可能性がないとしても協力するのだと考えられます。

2. 社会的ジレンマ

（1）公共財とフリーライダー問題

間接互恵性による協力は，集団の誰もが他者に親切にする状況でした。それに対して，ヒトの社会では，特定の誰かに親切にするのではなく集団全体の利益のために協力することが広く観察されます。例えば，弥生時代の集落の跡である吉野ヶ里遺跡では，集落を守るための外壕，内壕の跡が見られます。外壕は約 2.5 km にも及ぶということですから，その建設には多くの人が協力したに違いありません。ところが，このような集団による協力は，特定の誰かに対する協力にはない難しい問題をはらんでいます。

例えば，集落の防御のための外壕や内壕は，集落のすべての住民にとっての**公共財**（public good）になっています。公共財とは，経済学の用語で，非競合性と非排除性という特徴をもつ財のことです。例えば，壕の内側にいる住民が100人から200人になったとしても，壕が敵の侵入を防ぐ機能が半分になったりはしません。つまり，あなたが壕の恩恵にあずかったからといって，同じく壕の内側にいる誰かにとっての壕の恩恵が目減りすることはないのです（非競合性）。また，外壕・内壕工事のときに貢献しなかったり，その維持のコストを負担していない人であっても，壕の内側にいる限り（集落から追い出されないのであれば）壕の恩恵にあずかることができます（非排除性）。

壕の公共財としての性格を考えると，壕の整備工事をするならば集落の全員が協力すべきです。ところが，工事を手伝う協力行動にはコストがかかります（身体も疲れますし，時間もとられます）。しかも，その非排除性のため，工事に参加しなかった人も同じように壕がもたらす安全を享受できます。したがって，集団が自発的に公共財を供給しようとすると，自分は工事に参加しないけれど利益は享受する，つまり他者の努力にただ乗り（フリーライド）しようとする人が出てきてしまいます。これを**フリーライダー問題**（free-rider problem）といいます。

（2）共有地の悲劇

公共財供給の問題は，みんなが協力して公共財が供給されれば集団の全員にとって望ましいけれど，個人レベルで考えると，他のみんながそのコストを負ってくれるのであれば自分はフリーライドしたいという利得構造をもっています。これはより一般的に**社会的ジレンマ**（social dilemma）と呼ばれる状況です。例えば，チームで取り組むプロジェクトでも，打ち合わせや実質的な作業にはあまり参加しなかったのに，プロジェクトが成功したときのボーナスはしっかり受け取るフリーライダーが出てくるかもしれません。

社会的ジレンマの具体例として，公共財問題以外によく取り上げられるのが資源の共同管理にかかわる問題です。例えば，村人の誰もが自由に牛を放牧して利用することができる共有の牧草地があるとします。各人が自分自身の利益を最大化しようとして放牧する牛の数を決めたらどうなるでしょうか。ほどなく牛の数は共有地の環境収容力を超えてしまい，共有地は荒廃してしまうでしょう。そして，一度荒廃した共有地は，それ以降何年も放牧には利用できなくなるでしょう。この問題は，**共有地の悲劇**（tragedy of the commons）と表現される社会的ジレンマの例です（Hardin，1968）。

この状況では，各人は牛の数を減らす（＝自らの利益を減らす）というコストを負っても，共有地を永続的に利用可能な状態にする方が良いことは自明です。しかし，他の村人が牛の数を制限してくれるのであれば，自分１人くらい多くの牛を放牧しても大丈夫なのではないでしょうか。こう考えてしまう，自己利益追求の誘因も存在します。確かに１人くらいなら大丈夫かもしれませんが，誰もがこう考えて自己利益追求行動をとると，それは集合的悲劇をもたらすのです。

共有地の悲劇では自己利益追求行動は牛の数を増やすことですが，公共財問題では他者の努力にフリーライドすることでした。一見，まったく違う問題に思えますが，各人が自己利益を追求すると，集合的に全員にとって望ましくない結果（共有地の荒廃・公共財が供給されない）が生じるという意味では，この２つの問題は同じ利得構造を有しています。このような利得構造をもつ問題をまとめて社会的ジレンマ問題と呼ぶのです（山岸，1990）。

（3）社会的ジレンマ解決の難しさ

このような社会的ジレンマ状況で，公共財が供給されること，あるいは資源が適正に管理されることは集団成員全員の利益にかなっていますから，社会的ジレンマを解決するために協力する傾向は進化しそうに思えます。しかし，全体としてはその方が望ましいとしても個人レベルでは他者の貢献にフリーライドする方が得になることを思い出してください。全体にとって望ましい結果をもたらすというそれだけの理由で，ある行動傾向が進化すると考えるとしたら，それは群淘汰の誤りを犯すことになります。

第4章で利他行動の進化について理論的に考えたときには，個体群密度の調整のために自殺する利他的なレミングの遺伝子が残りにくく，したがってそのような自殺傾向は進化しないという結論に至りました（実際にレミングには個体群密度調整のための自殺傾向などないことも指摘しておきました）。同じ理屈で，壕があった方が集落全体にとって良いとしても，コストを払って外壕・内壕工事に参加する者と，工事には適当な口実を作って参加せず安全だけ享受する者（フリーライダー）がいたら，フリーライダーの方が有利です。また，共有地が維持できる方が良いとしても，放牧する牛の数は多ければ多いほど個人としての利益は大きくなります。

ここで，群淘汰の誤りを犯さずとも，囚人のジレンマの場合と同じように応報戦略が使えないのでしょうか。期待してしまう気持ちはわかりますが，それもまた難しいのです。例えば，壕の工事に参加しない者に思い知らせるために，全員が工事への参加をやめたらどうなるでしょうか。あるいは，決められた数より多くの牛を放牧した村人に思い知らせるために他の村人も多くの牛を放牧したらどうなるでしょうか。ここで，相手が協力したら協力に転じるということが難しいことはすぐにわかります。仮に最初のフリーライダーが工事に参加したら，他の人はどうするでしょうか。最初のフリーライダーに思い知らせるために参加を中止した人達がいますが，傍目からはこの人達もフリーライダーに見えるかもしれません。そうすると，集団全体としていつまでも全員協力という状況には戻りにくくなります。

こうした困難さがあるためでしょう，ヒト以外の種で「血縁関係に基づかない大きな集団での協力」が進化した例は知られていません。しかし，ヒトにはこうした困難を乗り越えて集団での協力を成功させる傾向が進化しているようなのです。

3. 利他的罰

(1) 非協力者を罰する

実験室に社会的ジレンマ状況を再現して行われた実験によれば，もっとも有効な解決方法は非協力者を罰するというオプションを導入することです（Fehr & Fischbacher, 2004）。例えば，4人の実験参加者に毎回100円の元手を与えて，そのうちの好きな金額を集団のために寄付できるようにします。各人が寄付した金額は実験者によって2倍にされて全員に等しく分配されます。例えば，4人全員が100円全額を寄付すれば，集まった400円は2倍の800円にされて4人に平等に分配されます。したがって，全員が200円を受け取ることになります。全員がまったく寄付しなければ100円のままですから，全員が全額を集団に寄付する方がより望ましい結果になります。しかし，3人が寄付して1人だけ寄付しないとすると，集まった300円が2倍の600円にされて全員に平等に分配されます。自分の100円を寄付した3人は150円になりますが，自分の100円を寄付せずに手元に残しておいた人は，分配される150円と合計して250円を獲得します。つまり，フリーライダーの方が有利です。

このような社会的ジレンマ・ゲームを繰り返しプレイしていると，最初は協力していた人も馬鹿らしくなって協力をやめてしまうため，次第に協力率が下がっていきます（**図12-1**の左側）。ここで，集団の中でもっとも寄付額の少なかった者を罰することができるようになったとします。ただし，罰にはコストがかかります。現実場面でも壕の工事に出てこない者に罰を与えるためには時間も手間もかかりますし，場合によっては仕返しされてしまうかもしれません。この罰の行使に伴うコストを実験室で再現するために，非協力者を罰しようとする人は実験で得たお金のいくらかを支払わなければなりません。そうすると，実験者が

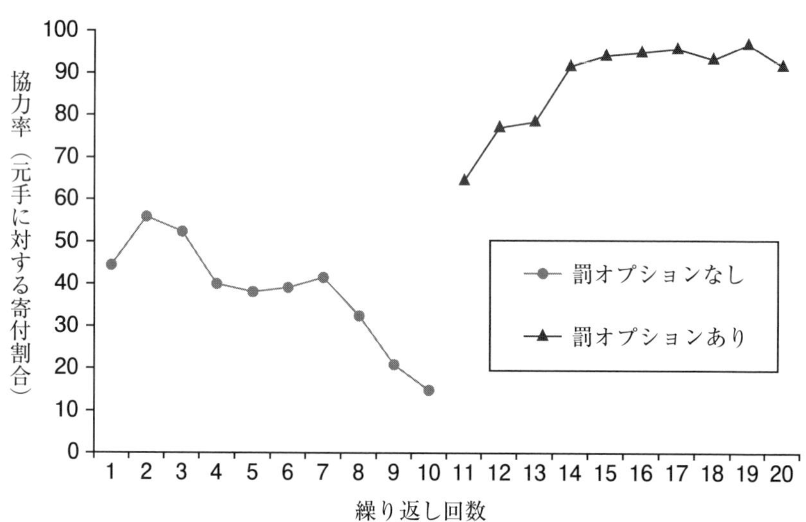

（出典：Fehr & Fischbacher，2004）

図12-1　罰オプションなし・罰オプションありの社会的ジレンマ・ゲームを繰り返した時の協力率の推移

（注）この実験では毎回集団成員が入れ替わり，同じ相手と再び社会的ジレンマをプレイすることは決していない状況でした。

罰された人のお金の一部を没収します。この罰オプションを実験に追加すると，協力率は上昇し，ゲームを繰り返し行っても協力率が下がることはありません（**図 12-1** の右側）。

（2）現実の資源管理問題

実験室実験では罰オプションにより社会的ジレンマが解決できることが示されています。しかし，共有地の悲劇のような現実の社会的ジレンマも自発的に行使される罰で解決できるのでしょうか。資源の共同管理に関する研究で2009年のノーベル経済学賞を受賞したエリノア・オストロムによれば，現実の共同資源管理の成功事例には次のような6つの特徴があります（Ostrom, 2000）。(1) 管理の範囲についての明確なルールが存在する。(2) 資源利用の量・タイミング・資源利用法についての規則が存在する。(3) 規則に影響される人達自身が規則を変更することができる。(4) 各人の行動に対する監視のシステムが存在する。(5) 違反があった文脈やその深刻さに応じて罰の程度が調整されている。(6) 当事者間での葛藤が生じたときに迅速かつコストをかけずに解決するための場が存在する。現実の資源管理の問題の解決にも，自発的に管理された監視・罰のシステムの存在が重要な役割を果たしていることがわかります。

（3）強い互恵性と二次的ジレンマ

大規模な集団での協力を達成・維持するためにヒトには他の動物にはない特殊な行動傾向が備わっていると考えられます。それは (1) 無条件の協力性と (2) 非協力者に対する罰傾向です。ヒトではこの2つの行動傾向がセットになって進化したという考え方を**強い互恵性**（strong reciprocity）といいます（Bowles & Gintis, 2011）。

もちろんこれらの２つの傾向がセットになっていれば協力は維持できるのですが，これら２つの傾向は本当に進化可能なのでしょうか。無条件の協力性は非協力者が罰される状況では適応的かもしれませんが，前提となる罰傾向の進化は難しい問題をはらんでいます。壕の工事に参加しない者に注意に行くことには時間も労力もかかるし，仕返しされるかもしれないという例を出して，罰にはコストがかかるということを指摘していました。しかし，罰行使者のお陰で非協力者がいなくなり集落の全員が壕の工事に参加するようになるとしたら，その利益は罰を行使しなかった人も同じように享受することができます。この「自分では（罰行使に）貢献しなかった人も利益を享受できる」という話は聞き覚えがありませんか。そう，社会的ジレンマそのものです。

実は資源管理や公共財の供給に協力しない人を罰することも社会的ジレンマになっていて，これをそもそものジレンマに対して二次的に発生するジレンマという意味で二次的ジレンマと呼びます。コストを支払って集団に協力することは利他行動になりますから，非協力者を率先して罰することも利他行動になります。そのため，社会的ジレンマを解決するために行われる罰行動は**利他的罰**（altruistic punishment）と呼ばれます。ここでの利他的の意味は，非協力者を罰しない人にも利益をもたらすという意味です。そもそもの社会的ジレンマで協力傾向が進化するのが難しいのであれば，二次的ジレンマでの協力である罰傾向が進化することも難しいはずです。

（４）罰行動は進化可能なのか？

この難問に対して，現代的な装いの群淘汰の考え方（複数レベル淘汰と呼ばれます）をもち出す研究者もいます。というのは，罰は集団全体の協力を維持することに役に立ちますから，もし群淘汰のように集団レベルでの比較が意味をもつのであれば進化の可能性が出てくるからです。しかし，第4章で説明したように，群淘汰で利他行動が進化するためには，ヒトの集団が，罰を行使して協力する傾向がある者だけの集団・罰を行使する傾向も協力傾向もない者だけの集団に分かれていなければなりません。ところが，集団間移動のある種では協力者だけ・非協力者だけの集団を維持することは難しく（移動によって協力者と非協力者が混ざり合ってしまうため），群淘汰により利他行動が進化するとは考えられません。

そうだとすると，罰行動（これもやはり集団に対する利他行動です）がどうして群淘汰で進化すると言えるのでしょうか。第14章で説明するようにヒトは文化的な動物であり，自分が所属する集団の規範に従って行動する傾向があります。そのため，協力的な集団で規範を守らせるための少しの罰があれば，その遺伝子型によらず誰もが協力するかもしれません。反対に協力的規範をもたない集団では誰もが協力しなくなるかもしれません。このように罰によって集団内の行動が画一化するとしたら，群淘汰で利他行動が進化する状況（ほぼ全員が協力する集団とほぼ全員が協力しない集団に分かれた状況）が生じます。この群淘汰がはたらきやすい状況のお陰で，規範違反者を罰する傾向と集団全体の協力傾向がセットで進化するかもしれないというのです（Boyd et al., 2003）。ただし，この説明に納得していない研究者も少なくありません。

ヒトに高い協力性が備わっていることは実験や調査で確認された事実です。その至近要因としては評判を気にする傾向，懲罰感情だけでなく（本書では扱えませんでしたが）共感や罪悪感といった様々な心理メカニズムが考えられます。しかし，なぜヒトにだけそのような心理メカニズムが備わったのか，その究極要因については研究者の間でも必ずしも合意が達成されていない進化的な謎なのです。

《学習課題》

1. この章で学んだ間接互恵性と第11章で学んだ互恵的利他主義の違いを説明してください。

   【解説】 互恵的利他主義の考え方では，将来自分を助けてくれるのはこれまでに自分が助けた相手です。一方，間接互恵性の考え方では，自分の過去の善行を知っている人（自分が助けた相手とは限りません）が助けてくれるのです。

2. 社会的ジレンマ状況は，囚人のジレンマ状況とどういう点が似ていて，どういう点が違っていますか。簡単に説明してください。

   【解説】 どちらの状況でも，各人が自己利益を追求するなら非協力を選ぶことになりますが，全員がそうすると全員にとって望ましくない状態に陥ります。ただし，ここでの「全員」は，囚人のジレンマでは2人ですが，社会的ジレンマでは3人以上の集団ということになります。

3. 社会的ジレンマ状況における二次的ジレンマについて説明してください。そして，それを踏まえてなぜ社会的ジレンマ状況での罰行動が「利他的」と考えられるのかを説明してください。

   【解説】 二次的ジレンマとは，非協力者を罰する行動が社会的ジレンマの利得構造をもつことを指します。協力しない人をあなたが罰することで，その非協力者が改心して集団に協力するようになったと考えてください。この非協力者の改心から生じる利益は集団全体にもたらされますから，これは公共財ということになります。つまり，あなたは罰にかかるコストを自分で負いつつ，集団全体を利する行動をしたわけです。コストがかかること，他者に利益をもたらすことが利他行動の要件でした。

引用文献

Bowles, S., & Gintis, H. (2011). *A cooperative species: Human reciprocity and its evolution*. Princeton University Press. サミュエル・ボウルズ／ハーバート・ギンタス（著）　竹澤正哲／大槻久／高橋伸幸／稲葉美里／波多野礼佳（訳）(2017).『協力する種―制度と心の共進化』 NTT 出版

Boyd, R., Gintis, H., Bowles, S., & Richerson, P. J. (2003). The evolution of altruistic punishment. *Proceedings of the National Academy of Sciences USA, 100*(6), 3531–3535. https://doi.org/10.1073/pnas.0630443100

Fehr, E., & Fischbacher, U. (2004). Social norms and human cooperation. *Trends in Cognitive Sciences, 8*(4), 185–190. https://doi.org/10.1016/j.tics.2004.02.007

Hardin, G. (1968). The tragedy of the commons: The population problem has no technical solution; it requires a fundamental extension in morality. *Science, 162*(3859), 1243–1248. https://doi.org/10.1126/science.162.3859.1243

Nowak, M. A., & Sigmund, K. (1998). Evolution of indirect reciprocity by image scoring. *Nature, 393*(6685), 573–577. https://doi.org/10.1038/31225

Ostrom, E. (2000). Collective action and the evolution of social norms. *Journal of Economic Perspectives, 14*(3), 137–158. https://doi.org/10.1257/jep.14.3.137

Wedekind, C., & Milinski, M. (2000). Cooperation through image scoring in humans. *Science, 288*(5467), 850–852. https://doi.org/10.1126/science.288.5467.850

山岸俊男（1990）.『社会的ジレンマのしくみ―「自分１人ぐらいの心理」の招くもの』 サイエンス社

Yoeli, E., Hoffman, M., Rand, D. G., & Nowak, M. A. (2013). Powering up with indirect reciprocity in a large-scale field experiment. *Proceedings of the National Academy of Sciences USA, 110* (Supplement 2), 10424–10429. https://doi.org/10.1073/pnas.1301210110

参考図書

● 大槻久（2014）.『協力と罰の生物学』 岩波書店

● 山岸俊男（2000）.『社会的ジレンマ―「環境破壊」から「いじめ」まで』 PHP研究所

13 コミュニケーション

《学習のポイント》 コミュニケーションの進化は，シグナルによる情報のやりとりとして検討されます。生物学ではシグナルとは他個体に情報を伝達するという機能のために進化した形態（例えば，派手な飾り）や行動とされます。このようなシグナルの進化で問題となるのは，どのようにして正直さが維持されるのかということです。このコミュニケーションの進化の考え方から，ヒトの主たるコミュニケーション手段である言語の進化がすべて理解できるわけではありません。というのは，言語というのが他の種には見られないヒトに特異的なコミュニケーション手段だからです。しかし，だからこそ言語の進化は知的好奇心をくすぐる研究分野とも言えます。

《キーワード》 シグナル，情報の非対称性，正直さ，言語

1. シグナルの進化

（1）シグナルとは

コミュニケーションの本質は情報のやりとりです。それでは，情報のやりとりが進化することがあるでしょうか。この問題は，進化ゲーム理論ではシグナルの進化として検討されています。特にシグナルによる情報共有を扱うゲームを，**シグナリング・ゲーム**（signaling game）と呼びます。ここまで第5章でハンディキャップ原理を説明したとき，また第10章で表情の外適応について説明したときにシグナルという用語を使っていましたが，シグナルとは何かをきちんと説明していませんでした。そこで，まずシグナリング・ゲームでは何をシグナルと呼んでいる

のかを明確にしておきましょう。

シグナリング・ゲームは生物学よりも経済学で先に発展したものです。そこで，ここでは経済学の教科書でもよく使われる中古車市場の例を使います。あなたが中古車を買おうと思っているけれど，中古車の中にはすぐに故障してしまう欠陥車が混じっていることを知っているとします。ちなみに，このような欠陥車のことはアメリカ英語の俗語でレモンといいます。そこで，これをレモン市場（欠陥車の混じった中古車市場）と呼ぶことにします。

レモン市場は売り手と買い手の間に**情報の非対称性**がある状況です。売り手は自分が販売している中古車の品質をよく知っていますが，買い手にはそれがわかりません。状態の良い中古車があり，そのことが買い手に伝われば買ってもらえるかもしれませんが，それがわからないと買い手は躊躇して，中古車を購入しないかもしれません。これは売り手（特に品質の良い中古車を扱っている売り手）にとって困った状況です。いくら売り手が「これは状態が良い中古車です」と言ったとしても，レモンの売り手も同じように言うはずなので，買い手には信じる理由がありません。

このとき，状態の良い中古車を売っている売り手が，購入後１年以内に故障したときには無償で修理するという提案をするとしたらどうでしょうか。状態が良い中古車であれば，１年保証をつけたとしても，実際には無償で修理する必要はほとんどないはずです。一方，レモンの売り手はどうでしょうか。欠陥車なのですぐに調子が悪いと言って買い手が修理を求めてくることが目に見えています。そうすると，レモンの売り手には無償修理のコストが高くつきすぎるので，状態の良い中古車の売り手だけが１年保証を提案できます。この例では，１年保証を提示するかどうかが，売り手の商品の品質を明らかにするシグナルということになります。このように，情報の非対称性を解消するために送り手が発するあらゆる手がかりのことをまとめてシグナルと呼びます。

（2）シグナルの進化

進化生物学では，中古車の売り手のようにシグナルの送り手が意識的に手がかりを発信すると考える必要はありません。戦略的に割に合うことは自然淘汰により自ずと進化するはずだからです。また，一般にシグナルとは送り手がとる行為であると思われるかもしれませんが，ハンディキャップ原理の説明で見たように，派手な飾りもその所有者の高い能力を正直に伝えるシグナルになります。このため，生物学では行動だけでなく形態であっても，それが情報を伝えるために進化したのであればシグナルと呼んでいます（Maynard Smith & Harper，2003）。

しかし，他者と情報を共有する形態や行動がなぜ進化するのでしょうか。それは，シグナルを受け取った者の反応がシグナルの送り手にとって望ましいものだからです。中古車の売り手の例を思い出してください。シグナル（1年保証）がなければ中古車を買ってくれなかった買い手が，シグナルを見て安心して購入してくれます。つまり，送り手にとってシグナルを出すメリットは，それによって相手の行動が変化することです。一方，中古車の買い手にもシグナルに反応するメリットがあります。シグナルのおかげでレモンを避けつつ状態の良い中古車を新車より安く購入することができます。つまり，シグナルがない場合に比べて，シグナルがある場合には中古車の売り手（特に状態の良い中古車を扱っている売り手）も買い手も得をするのです。

このようにシグナルを通じた情報共有が送り手と受け手の双方を利するような場合に，情報共有のためのシグナルが進化します。例えば，リスのような小動物が，**警戒音**（alarm call）を発することで捕食者が近くにいることを周囲の仲間に知らせることがあります（Searcy & Nowicki, 2005）。警戒音は捕食者の存在に気づいた個体が，それに気づいていない個体に「捕食者がいるぞ」という情報を伝え，受け手の行動を変化させます。また，警戒音は自分の子供やきょうだいがいる場合に発せられることが多いことが知られています。つまり，警戒音の受け手は捕食されずにすむことで適応度が上昇しますが，送り手の方も自分の血縁個体を捕食者から守ることで包括適応度を上昇させることができるのです。このことから，警戒音が送り手と受け手の双方を利することがわかります。また，シグナルの進化が送り手の形態・行動とそれに対する受け手の反応の共進化になっていることもわかります。余談ですが，警戒音を発する個体は，目立ってしまうので捕食されるリスクも上がります（Sherman, 1977）。そのため，警戒音は血縁個体に対する利他行動の例としても取り上げられます。

2. シグナルの正直さ

（1）不正直者が得をしてはいけない

シグナルは送り手と受け手の利害が一致している場合に共進化するのだと言いました。ですが，世の中には囚人のジレンマ状況のように部分的にしか利害が一致しない状況もあります。シグナルの進化についても同様で，不正直なシグナル（虚偽の情報を伝えるシグナル）が発せられる可能性がある場合には，受け手がシグナルを信じなくなり，その結果，コミュニケーションのシステム自体が崩壊します。レモン市場の例では，「これは状態が良い中古車ですよ」という口だけの売り文句が正直なものであるという保証はありません。そのため，買い手が売り手を信じることができない状況が生まれるのでした。

しかし，レモン市場の例では，幸いにしてシグナルの正直さを保証する方法がありました。例えば，それは1年保証をつけるというシグナルでした。このシグナルは，状態の良い中古車の売り手よりもレモンの売り手に高くつく（すなわち割に合わない）シグナルでした。シグナルを正直に保つのは1年保証である必要はありません。正直者よりも，不正直者にとってシグナルが高くつくようなメカニズムがあれば，不正直に振る舞うことのうま味がなくなり，シグナルを通じた正直なコミュニケーションが可能になります。

（2）正直なシグナルの進化

動物の世界を眺めると，シグナルの正直さを保証するメカニズムには少なくとも5種類があります（Laidre & Johnstone, 2013）。第1に身体的・解剖学的な制約に基づき正直さが保証される場合です（インデックスとも呼ばれます）。例えば，アカシカのオスは低い声で鳴くほど直接戦わずしてライバルを退けることができます。そのため，体の大きさにふさわしくない低い鳴き声（不正直なシグナル）を発することができれば有利なはずです。しかし，アカシカのオスは皆，低くできるギリギリのところで声を出します。そうすると，声の低さは自ずと体の大きさによって制約を受けることになり，アカシカの声の低さは体の大きさの正直なシグナルになります。

第2にハンディキャップ原理があります（第5章）。健康で元気なオスにとっては，大きな飾りがあっても餌を採ったり，捕食者から逃げることが可能であるのに，不健康なオスは大きな飾りをもつことで生存が脅かされるかもしれません。この場合，同じ大きな飾りが，健康なオスより不健康なオスの適応度をより大きく引き下げることになります。つまり，シグナルから得られる利益（配偶機会の拡大）は一定でも，シグナルを作り・維持するためのコストの大きさに非対称性があります。このため，不健康なオスが不正直なシグナルを発しても（＝分不相応に大きな飾りをもっても）割に合わなくなり，大きな飾りが正直なシグナルとして機能するようになります。

第3にシグナルを作り・維持するコストの非対称性とは逆に，得られる利益の非対称性によって正直さが保たれることがあります。例えば，鳥のヒナがピーピーと大きな声で鳴いて親鳥に餌をせがむ場面を考えます。空腹時には餌をもらえないと死んでしまいますが，満腹時に追加の餌をもらっても適応度はさほど上昇しません。それどころか，満腹時にピーピー鳴くことで無駄に体力を消耗したり，捕食者にみつかりやすくなるとすれば，それはまったく割に合いません。一方，空腹時には体力の消耗や捕食者にみつかるリスクの上昇という「コスト」があるとしても，餌をせがまなくてはなりません。そのため，空腹なヒナだけが大きな声でピーピー鳴くという正直なシグナルのシステムが成立します。

第4に，分不相応なシグナルが高い代償をもたらす場合が考えられます（この場合，シグナルを発するためのコストは必要ありません）。例えば，アシナガバチでは，力の強い優位個体だけが顔に大きな黒い模様をもっています。しかし，これはメラニン色素を特定の場所に集めるだけなので，弱い個体でもこの模様をつけることは可能です。この模様があれば優位個体として振る舞うことができるとしたら，なぜ弱い個体が不正直なシグナルを発しないのでしょうか。ここで鍵となるのは，この模様があることで，本当に優位な個体から攻撃されることがあるということです（どちらがより優位かを決めようとするのです）。本当に強い個体であれば他の強い個体から攻撃されても割に合うかもしれませんが，弱い個体ではまったく割に合わないでしょう。このように，不正直なシグナルが高い代償を伴う場合には，正直なシグナルのシステムが維持されます。青春映画でも，少し生意気な態度をとる主人公が不良グループに目をつけられるという筋書きがよくあります。主人公が本当に強くなければピンチを脱することはできませんから，生意気な態度をとることは真の強さのシグナルにもなっています。

第５に他個体の過去の行動を覚えていられるような種（例えば，霊長類）では評判に基づく正直なシグナルが進化可能です。オオカミ少年の寓話を思い出してください。嘘をつくとその場ではちょっと良いことがあるかもしれません。しかし，その後，何を言っても信用してもらえなくなるとしたら，信用を失うことのコストの方が嘘をついて得られる利益を上回るでしょう。このように，誰が正直・誰が不正直という評判が利用可能な状況では，シグナルの正直さが保たれます。

ここで動物のシグナルの進化についてまとめておきます。シグナルの送り手と受け手の間で完全に利害が一致している場合には，正直なシグナルが進化することに不思議な点はありません。しかし，利害が完全に一致しない場合（不正直なシグナルを発することで得をする者がいる場合）には，不正直なシグナルが割に合わない何らかのメカニズムが必要です。そのメカニズムには少なくとも５種類があり，それぞれ身体的制約，コストの非対称性（ハンディキャップ原理），利益の非対称性，不正直なシグナルへの高い代償，（正直者・不正直者という）評判でした。

3. 言語の進化

（1）ヒトの言語の特殊性

ここまで正直なコミュニケーションの進化をシグナルの進化という観点から紹介してきました。しかし，ヒトのコミュニケーションを支えるのは言語です。ヒトは言語によって「愛している」という求愛のシグナルを発するだけでなく，「俺は強いぜ」というライバルへの威嚇のシグナルを発することもできます。また，「今夜は月がきれいだな」という適応とは無関係な情報を伝えることもできます。それだけでなく，言語が実際に使われる文脈では，字義通りに解釈しても意味が通じない場合もあります。例えば，英語の「I love you」を訳す際に，日本人は「愛している」とストレートに言うことはないから「月がきれですね」という婉曲表現にするようにと夏目漱石が言ったという噂がまことしやかに伝わっています。

このように，言語の伝達機能は特定の文脈（例えば，配偶場面）や特定の情報（例えば，身体的強さ）に限定されません。婉曲表現や比喩の存在からわかるように，特定の発話（シグナル）が文脈によって異なる意味をもつこともありますし，どれくらいストレートに表現するかというだけでなく，そもそも何語を話すのかという点でも文化の影響を受けます。このような複雑さと柔軟さをもつコミュニケーションの手段を利用する種はヒトだけです。そうだとすると，言語は本当に進化によってヒトという種に備わったものだと考えてよいのでしょうか。

（2）言語の生物学的基盤

言語に生物学的基盤があることについては，それを示唆する多くの状況証拠があります（Pinker，1994)。例えば，言語獲得のための**臨界期**（critical period）の存在です（Johnson & Newport，1989)。つまり，言語獲得に適した時期を過ぎると言語獲得が困難になるのです。移民の第2言語獲得に関する研究によれば，何歳で移民したかによってその言語をどこまで自在に操れるようになるか（例えば，文法的間違いにすぐに気づくかどうか）に差が生じます。例えば，3～7歳までに非英語圏からアメリカに移民した場合，成人後の英語力は英語を母語とする人と同等であったのに，移民した年齢がそれより後になるほど成人後の英語力は低くなりました（この違いは英語を使っている年数の違いでは説明できませんでした)。

それだけでなく，子供には言語を作り出す能力さえも備わっているかもしれません。例えば，ハワイにはかつて多くの国から英語を話すことができない入植者が移り住みました。その結果，例えば，日本とフィリピンからの入植者は片言の英単語を交えた「言語」でコミュニケーションをしました。この文法的規則をもたないその場しのぎの言語はピジンと呼ばれます。しかし，このピジン話者の子供たちが一緒に遊んだり相互作用をしていると，英語ともそれぞれの子供の親の母語とも違う文法体系を備えた言語（クレオールと呼ばれます）が生まれるのです(Bickerton，1976)。

もし高い知能によって言語が生み出される，発明されるのだとすれば，逆のパターンが観察されてよいはずです。つまり，すでに母語をしっかり身につけ，子供たちよりも高度な問題解決能力をもった大人の方が文法を備えた言語を生み出し，子供たちは文法的規則のない間に合わせの言語で意思疎通するというパターンです。しかし，実際にはそれとは逆なのです。このことから，言語を獲得する能力は，成人の高い一般的知性に基づくものではなく，幼少期にだけはたらく生物学的基盤をもった能力だと言ってよいでしょう。

また，*FOXP2* という遺伝子の変異が言語障害の原因になることが知られています（Vargha-Khadem et al.，2005)。この遺伝子は多くの脊椎動物に見られるもので，多くの歌鳥ではその種の歌の学習にかかわっています（実験的に *FOXP2* 遺伝子を無効化すると歌をうまく学習できなくなります)。また，マウスでは，*FOXP2* 遺伝子を無効化することで，赤ちゃんマウスが母親とはぐれたときに出す超音波発声（母親を呼ぶ声と考えられています）がなくなります。つまり，鳥類や哺乳類の一部で発声や運動学習にかかわっている遺伝子（*FOXP2*）が，ヒトでは言語の獲得・使用にかかわっていると考えられます。もちろん，*FOXP2*だけが言語進化に関係する遺伝子ではありませんが，このような遺伝子の存在は言語に生物学的基盤があることを強く示唆します。

（3）言語と正直さ

言語が生物学的な進化の産物だとすると，言語の正直さが問題になります。例えば，雨の日に「今日は晴れている」と不正直な発話をすることは簡単だからです。それにもかかわらず，私たちは，例えば電話の向こうの誰かが現地の天気について話すとき，それをわざわざ疑ったりはしないはずです。実際，人々が嘘をつく頻度を調べた大規模調査では，嘘はすべての言語コミュニケーションの７％を占めるにすぎず，しかもその大半は害のない嘘でした（Serota et al., 2021）。

このように言語が正直なものだとすると，それはなぜでしょうか。ひとつの可能性は言語が送り手と受け手の利害が完全に一致する状況でのコミュニケーションのために進化したというものです。しかし，言語のように広範な領域の情報を伝達する手段は，容易に相手を騙して搾取するために利用可能です。したがって，利害一致のために正直であるとは考えにくいでしょう。

そうすると，正直さを保つ５つのメカニズムのいずれかによって正直さが保証されていることになります。考えられるのは，第５の評判に基づくメカニズムです。私たちは嘘をつく人に悪い印象を抱くものですし（Tyler et al., 2006），場合によっては嘘つきを罰することさえあります（Konishi & Ohtsubo, 2015）。問題を起こした政治家や芸能人が会見をした後，問題を隠そうとして嘘をついていたことが明らかになると非難が激しくなるものです。このように私たちは嘘を嫌う一方で，他者の嘘を見破る能力はさほど高くありません（Bond & DePaulo, 2006）。つまり，誰かが嘘をつくと，気づかずに騙されることはままあると考えられます。そのため，私たちは騙された後に対処せざるをえません。これも，嘘が発覚した後の対処メカニズムである第5の「評判」による正直さの維持と一貫したパターンです。

（4）言語進化の究極要因

それでは，言語は一体何のために進化したのでしょうか。言い換えれば，ヒトという種において言語のような他の種には見られない複雑さと柔軟さを備えたコミュニケーションのシステムが進化したことの究極要因は何なのでしょうか。実は言語がなぜヒトにだけ進化したのか，誰もが納得する説明はまだありません。というのは，言語がヒトに特有で，他の種に同等のコミュニケーション手段がないため，こういう条件で言語が進化するという検討ができないからです。それに加えて，言語があまりにも多くのことに役に立つために，どれが言語のそもそもの機能なのかを決めることも難しいのです。

実際，言語の機能について，複数の進化論的な仮説が提唱されています（Számadó & Szathmáry，2006）。いくつか例を挙げてみます。集団の凝集性を高めるために集団成員についての情報（例えば，誰が非協力的かという情報）をゴシップにより共有する機能。狩猟のために集団の中の役割分担等の調整を行う機能。男性が配偶相手に自分自身の認知能力をシグナルするための派手な「飾り」としての機能。食物の採集中（赤ちゃんを抱っこしておけないとき）に赤ちゃんをあやす機能。このように多くの仮説が提唱されていますが，言語の重要な特徴の1つは，伝達される情報の内容が特定の話題に限定されないことです。それに対して，これらの説は特定の話題（協力の調整，求愛等）の文脈で言語が進化したと仮定しています。果たして，このような限定された文脈でのコミュニケーション手段が，話題を選ばないコミュニケーション手段に進化するのでしょうか。この問題を踏まえて，言語能力はそもそも領域一般的な思考・推論能力として進化したものに，後からコミュニケーションの機能が加わったとする仮説もあります。

このように言語の進化の究極要因については，まだよくわかっていないことの方が多いのが現状です。ここで扱った問題以外にも，言語を理解するために必要とされる（けれど他の領域では必要とされないであろう）認知能力がなぜ・どのように進化したのかについてもよくわかっていません（第14章も参照）。それにもかかわらず，言語は進化により生み出され，生物学的基盤をもっているという考え方は受け入れられています。

《学習課題》

1．誰かに迷惑をかけた後に謝罪する場面を考えます。このとき，相手との関係が大事で本気で関係を修復したいと思っているとします。すると，弁償するとか高価な菓子折りをお詫びに送るというコストのかかる謝罪をするかもしれません。ところが，相手との関係を重視していない人はコストを支払うことを馬鹿らしいと感じるでしょう。この場合，コストのかかる謝罪は関係を修復したいという意図の正直なシグナルとなります。これは正直なシグナルの5つのメカニズム（Laidre & Johnstone, 2013）のうち，何番目のメカニズムと同じですか。

【解説】　関係を重視するかどうかは，その相手とつきあい続けることで将来得られる利益が大きいかどうかに対応しているはずです。将来得られる利益の非対称性によって正直さが保証されるのは何番目のメカニズムだったでしょうか。

2．誰かに謝罪するときに，必ずしもコストのかかる謝罪をしなくても「ごめんなさい」だけで相手に謝意が伝わることもあります。このように「ごめんなさい」という言語的な発話が正直なものであるとしたら，それは正直なシグナルの５つのメカニズムのうち，何番目のメカニズムによると考えられますか。

【解説】「ごめんなさい」だけでも信憑性があるとすれば，単なる発話の信憑性，つまり言語一般がなぜ正直なコミュニケーション手段になっているのかに関係があるのではないでしょうか。言語が正直なコミュニケーション手段になっていることを説明するのは何番目のメカニズムだったでしょうか。また，非常に仲の良い関係で，仲直りすることがお互いの共通利益にかなっているという，そもそも不正直なシグナルを心配する必要がない状況だという（5 つのメカニズムとは無関係なのだという）説明も考えることができるかもしれません。

3．生物学におけるシグナルの定義はどのようなものですか。また，そのように考えると，相手に情報を伝えようとする行動だけでなく，形態の中にもシグナルと呼べるものがあることを説明できますか。

引用文献

Bickerton, D. (1976). Pidgin and creole studies. *Annual Review of Anthropology, 5*, 169–193. https://doi.org/10.1146/annurev.an.05.100176.001125

Bond, C. F., Jr., & DePaulo, B. M. (2006). Accuracy of deception judgments. *Personality and Social Psychology Review, 10*(3), 214–234. https://doi.org/10.1207/s15327957pspr1003_2

Johnson, J. S., & Newport, E. L. (1989). Critical period effects in second language learning: The influence of maturational state on the acquisition of English as a second language. *Cognitive Psychology, 21*(1), 60–99. https://doi.org/10.1016/0010-0285(89)90003-0

Konishi, N., & Ohtsubo, Y. (2015). Does dishonesty really invite third-party punishment? Results of a more stringent test. *Biology Letters, 11*(5), Article 20150172. https://doi.org/10.1098/rsbl.2015.0172

Laidre, M. E., & Johnstone, R. A. (2013). Animal signals. *Current Biology, 23*(18), R829–R833. http://dx.doi.org/10.1016/j.cub.2013.07.070

Maynard Smith, J., & Harper, D. (2003). *Animal signals*. Oxford University Press.

Pinker, S. (1994). *The language instinct: How the mind creates language*. William Morrow. スティーブン・ピンカー（著）　椋田直子（訳）(1995).『言語を生みだす本能』(上・下)　日本放送出版協会

Searcy, W. A., & Nowicki, S. (2005). *The evolution of animal communication: Reliability and deception in signaling systems*. Princeton University Press.

Serota, K. B., Levine, T. R., & Docan-Morgan, T. (2021). Unpacking variation in lie prevalence: Prolific liars, bad lie days, or both? *Communication Monographs*. Advance online publication. https://doi.org/10.1080/03637751.2021.1985153

Sherman, P. W. (1977). Nepotism and the evolution of alarm calls. *Science, 197*(4310), 1246–1253. http://doi.org/10.1126/science.197.4310.1246

Számadó, S., & Szathmáry, E. (2006). Selective scenarios for the emergence of natural language. *Trends in Ecology & Evolution, 21*(10), 555–561. https://doi.org/10.1016/j.tree.2006.06.021

Tyler, J. M., Feldman, R. S., & Reichert, A. (2006). The price of deceptive behavior: Disliking and lying to people who lie to us. *Journal of Experimental Social Psychology, 42*(1), 69–77. https://doi.org/10.1016/j.jesp.2005.02.003

Vargha-Khadem, F., Gadian, D. G., Copp, A., & Mishkin, M. (2005). *FOXP2* and the neuroanatomy of speech and language. *Nature Reviews Neuroscience, 6*(2), 131–138. https://doi.org/10.1038/nrn1605

参考図書

● スティーブン・ピンカー（著） 椋田直子（訳）(1995).『言語を生みだす本能』（上・下） 日本放送出版協会

● トム・スコット＝フィリップス（著） 畔上耕介／石塚政行／田中太一／中澤恒子／西村義樹／山泉実（訳）(2021).『なぜヒトだけが言葉を話せるのか―コミュニケーションから探る言語の起源と進化』 東京大学出版会

14 文化と進化

《学習のポイント》 文化と進化というこの章のタイトルを見て違和感を覚えたでしょうか。一般的には文化は進化（あるいは生物学全般）と相容れないもののように考えられています。しかし，文化的な知識を世代を越えて引き継ぎ蓄積する能力には進化的な基盤があるはずです。また，文化的な環境が遺伝的な適応を生み出す遺伝子と文化の共進化というプロセスも知られています。つまり，ヒトの進化を理解するためには文化を理解する必要があり，文化を理解するためにも進化論の知識が必要なのです。
《キーワード》 文化進化，ミーム，ナチュラル・ペダゴジー，遺伝子と文化の共進化

1．文化進化

（1）文化とは

文化という言葉は非常に広い意味で用いられています。例えば，縄文文化や弥生文化というように，それぞれの時代の生業形態や土器のような人工物のスタイルの違いを指して用いられることもあれば，現代の若者文化やオタク文化のように同じ時代に生きる一部のグループの考え方や行動様式を指して用いられることもあります。人類学では，エドワード・タイラーが 1871 年に出版した古典『原始文化』で提唱された「知識，信仰，芸術，道徳，慣習，その他社会の成員として人間が獲得するあらゆる能力や習慣を含む複合的な総体」という定義が有名です。

とても網羅的な定義ですが，文化に含まれるものには何か共通性があ

るのでしょうか。共通する特徴として，言語等のシンボルを介して社会的に伝達される共有された価値観や信念に基づくという点が挙げられます。また，この共有された価値観や信念は，孤立した情報ではなく知識同士が組織化・構造化されていて，ある程度の社会的来歴を有しています（Durham, 1991）。このような文化的価値観・信念は必然的に考え方や行動に影響します。そして，このような考え方や行動は，**社会学習**（または**社会的学習**／social learning）を通じて伝播します。

（2）文化の複製子

ここで，第1章で進化とは何かを考えるための例として使ったオレオレ詐欺の手口のことを思い出してください。オレオレ詐欺の手口は，上記の文化の特徴を備えています。オレオレ詐欺の手口は，詐欺グループの間で共有された知識（こうすればうまくいくという信念）であり，言語によって書かれたマニュアルを通じて成員間で伝達されます。マニュアルでは，電話のかけ方，受け子の振る舞い方等に関する情報が構造化されているはずです。また，詐欺グループの中で代々伝わるという意味で来歴も有しています。

第1章では，この手口の変化が自然淘汰による進化に近いということを説明しました。つまり，文化には進化との類似点に基づき理解できる側面があるということです。特に重要な類似点は，社会的に伝達される知識をオリジナルのコピー（複製）と見なすことができるという点です。遺伝子による進化の場合には，DNAのコピー（コピーミスを除けば，基本的にそっくり同じ内容）が親から子に渡されます。遺伝情報の伝達を担う複製子が遺伝子であるのに対して，文化の伝達を担う複製子は**ミーム**（meme）と呼ばれます（Dawkins, 1976）。実は研究者の間でもミームとは何なのか（そもそも，そういう新しいものをもち出す必要があるのか）について，必ずしも合意が得られていません。ここでは，日常会話や噂話，マスメディアやソーシャルメディア，書物（小説・漫画やマニュアルも含む），芸術品やその他の人工物を通じてある人の頭の中から別の人の頭の中に運ばれる情報と理解してください。

（3）文化の進化

第1章で挙げた「オレオレ詐欺の手口が進化する」という表現に暗に示されているように，ミームにより伝達される文化の広がり方は，そのミームの伝達されやすさ（＝淘汰）に影響されます。同義反復のようになりますが，他者に受け入れられやすいミームほど社会の中に広がりやすくなります。例えば，成功した詐欺の手口（おそらく巧妙な手口でしょう）ほど詐欺グループのメンバーに受け入れられやすいために，詐欺の手口は次第に巧妙なものになっていきます。このようにあるミームが社会の中に広がっていくプロセスのことを**文化進化**（cultural evolution）と呼びます。オレオレ詐欺は犯罪ですから，それを進化と呼ぶことに抵抗があるかもしれません。しかし，進化という言葉はここでも価値判断とは切り離して使っています。詐欺グループの中で広がりやすいという事実は，それが犯罪かどうか（その善悪判断）とは切り離して考えなければなりません。

犯罪とは関係のない文化進化の例としてテディベア（熊のぬいぐるみ）のデザインの変化を紹介しておきます。**図14-1**には，20世紀を通じて作られたテディベアの額の相対的な大きさ（目から頭の上までの長さを目から顔の下までの長さで割ったもの）を示しています。第8章で見たベビースキーマを思い出してください。成獣（または成人）と比べて相対的に大きな額は赤ちゃんの特徴です。つまり，20世紀を通じて，テディベアは幼形に近づいたということになります（Hinde &

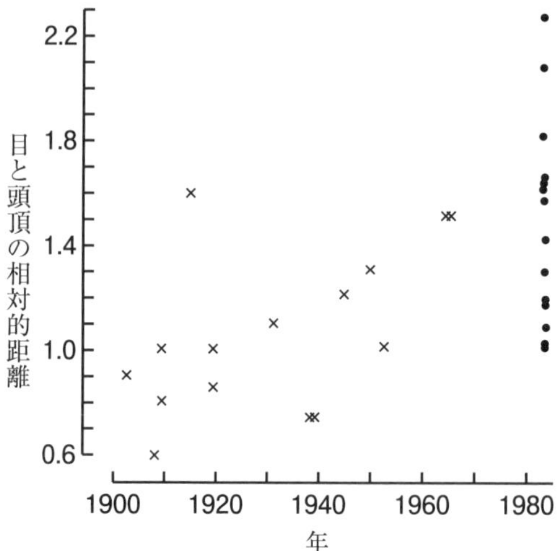

（出典：Hinde & Barden, 1985）

図14−1　テディベアの額の大きさの時代を通じた変化

（注）図中の×は博物館の所蔵品に基づくデータ，●は研究が行われた1984年に市販されていたテディベアに基づくデータを示す。

Barden, 1985）。企業は，売れる商品を残して売れない商品は作らなくなるでしょう。幼形のテディベアはかわいいので子供たちから選ばれやすく，選ばれやすいデザイン（ミーム）が広がったと考えられます。

（4）文化進化の特徴

ここまで説明してきたように，文化進化には遺伝子に基づく進化と類似した点があります。しかし，文化進化と遺伝子に基づく進化ではそのスピードが決定的に違います。例えば，ファッションやヒット曲は1年のうちにもどんどん変化していきますが，1世代が20〜30年とされるヒトの集団の遺伝子頻度がそんなに急速に変化することはありません。

このような速い文化進化が可能なのは，ミームの伝達では同世代の間での水平伝達が起こるからです。遺伝子の伝達は前世代（親）から子への垂直伝達になります。これ以外に，文化進化では，前世代の親以外の誰かからの伝達（斜行伝達）もあります。例えば，子供は自分の親と同世代のスポーツ選手にあこがれて，そのスポーツ選手の真似をするかもしれません。この斜行伝達も文化進化のスピードを遺伝子に基づく進化よりも早くする要因になります。遺伝子による進化では，親が繁殖で成功した分だけが次世代で増えますが，斜行伝達があれば成功者のミームは当人の子供だけでなく次世代の多くの子供たちに広がるからです。

2. 文化を支える社会的認知

（1）動物の文化と社会学習

文化の定義に，言語のようなシンボルを通じて継承されるという内容を含めると，文化はヒトに特有ということになります。しかし，文化的なものはヒト以外の動物でも知られています。動物にも文化がありそうだという最初の科学的発見は，ニホンザルの研究からもたらされました。宮崎県の幸島で１頭の子ザルが餌付けのために与えられたイモを水で洗って食べていたところ，イモ洗いの習慣が幸島のサルに広がっていったのです（Kawai, 1965）。イモを水で洗って食べるというイノベーションがある個体から別の個体に広がったという現象は，いかにも文化を思わせます。

しかし，この習慣がニホンザルの集団に広がったメカニズムは，必ずしもヒトの文化を支えるメカニズムと同じではないかもしれません。具体的には，イモ洗いをするサルと一緒に行動している他の個体は，餌付けのためにバラまかれたイモを手にして水の近くにいることが多く，そのためにイモ洗いを自分で再発見した可能性があります（Visalberghi

& Fragaszy, 1990)。この場合，すでにイモ洗いをしている個体の役割は，別の個体の注意を特定の刺激（水）あるいは場所（水場）に向けさせることです。このようなメカニズムは**刺激強調**（stimulus enhancement）や**局所強調**（local enhancement）と呼ばれます。ヒトの複雑な文化が各自の再発見によらないことは自明です。例えば，三角関数の考え方（高校数学で習ったサイン，コサインというあれです）は古来測量で広く利用されています。もし，各自で再発見しなければいけないとしたら，一体どれくらいの人が三角関数を再発見できるでしょうか。

ニホンザルでのイモ洗いの発見以降，様々な種で「文化」が発見されています。例えば，チンパンジーでもナッツ割りやシロアリ釣りの方法に地域差が見られています。しかし，系統発生的にヒトと極めて近いチンパンジーと比べてもヒトの社会学習には際立った特徴がありそうです。今，**図 14-2** に示す熊手のような道具があるとします。実験者がこの道具を使って対象（チンパンジーの場合は餌，ヒトの2歳児の場合は玩具）を引き寄せるところを見せると，チンパンジーもヒトの幼児もこの道具を使って対象を引き寄せることを学習します。ここで，実験者が対象を引き寄せにくい左側の置き方から，隙間がなくて対象を引き寄せやすい右側の置き方に変更してから道具を使うところを何度も見せるとします。すると，ヒトの幼児は一手間かけて，熊手を左側の状態から右側の状態に変

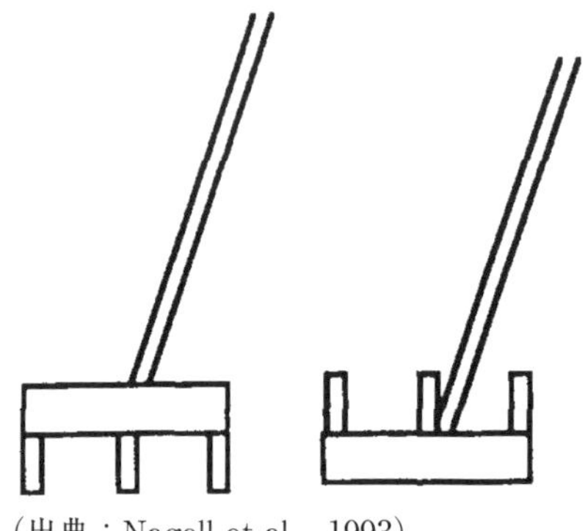

（出典：Nagell et al., 1993）

図14-2　チンパンジーとヒトの幼児を対象に行われた社会学習実験で用いられた道具

更して使うようになったのです（Nagell et al., 1993)。このような傾向はチンパンジーでは見られませんでした。

ヒトの幼児の場合，モデルが繰り返し熊手の向きを変更して見せるので，何か意図があると感じ取ったのかもしれません。このような場合，ヒトの幼児は手間のかかるやり方でも，それをそっくりそのまま模倣する傾向があったのです。一方，チンパンジーは道具を使って餌を引き寄せることができるということ，つまり道具が目的達成の役に立つということを学習したと考えられます。やり方をそっくりそのまま模倣するのではなく，目的達成の手段を観察から学ぶことは**エミュレーション**（emulation）と呼ばれます。

（2）ナチュラル・ペダゴジー

ヒトの社会学習の特徴は，伝達する方も受け取る方も伝達意図をうまく利用していることです。ヒトは幼児であっても大人が何かを伝えようとしているという伝達意図を読み取って，社会学習の仕方を柔軟に変化させます。一方，大人も自身の伝達意図を明確にして子供たちの学びを促進します。このようにヒトには高度な社会学習を可能にする傾向が備わっているという考え方は**ナチュラル・ペダゴジー**（natural pedagogy）説と呼ばれています（Csibra & Gergely, 2009)。辞書でpedagogyを引くと教育学という訳が出てきます。つまり，私たちには教え・教えられる傾向が自然に備わっているという考え方です。

ナチュラル・ペダゴジー説は，ヒトの言語コミュニケーションについての理解と密接に関係しています。言語学の中には，言語によるコミュニケーションがどのように実践されているのかを研究する語用論という分野があります。語用論では，ヒトのコミュニケーションでは相手に対して特定の情報を伝えようとする情報意図だけでなく，自分は何かを伝えようとしているという伝達意図も同時にはたらいていると考えます。このようなコミュニケーションのことは，**意図明示・推論コミュニケーション**（ostensive-inferential communication）と呼ばれます（Sperber & Wilson，1995）。ナチュラル・ペダゴジー説は，この意図明示・推論コミュニケーションが，言葉を使いこなす前の幼児の社会学習にとっても重要な役割を果たすと考えているのです。

例えば，教師役の実験者が幼児と目を合わせてから近くにある玩具に目を移す場合と，幼児と目を合わせることなく玩具に目を移す場合を比べてみます。すると，まだ言葉を覚えていない生後6ヵ月の幼児でも，教師役が自分と目を合わせてから玩具に目を移したときに，教師役の視線を追ってその玩具を見る傾向がありました（Senju & Csibra，2008）。つまり，言語を獲得する前の幼児でも教師役が自分と目を合わせたこと（アイコンタクト）から，教師役が自分に何かを伝えようとしているという伝達意図を読み取ることができること，そしてその伝達意図を読み取ると，相手が伝えようとしている情報に注意を向ける傾向があることがわかります。

（3）大型類人猿との比較

ナチュラル・ペダゴジー説と同様に，ヒトには文化を学習するために自然淘汰により備わった能力（学習のための準備性）があるという考え方として**文化的知性仮説**（cultural intelligence hypothesis）が提唱されています。文化的知性仮説によれば，文化を学習するための準備性がヒトを他の動物と分ける特徴です。そのため，進化的に近いチンパンジーと比べてもヒトの子供は文化を学ぶための適応を示すと考えられます。この仮説は，ヒトの2歳児の物理的知性，社会的知性をチンパンジー，オランウータンと比較した研究から支持されています（Herrmann

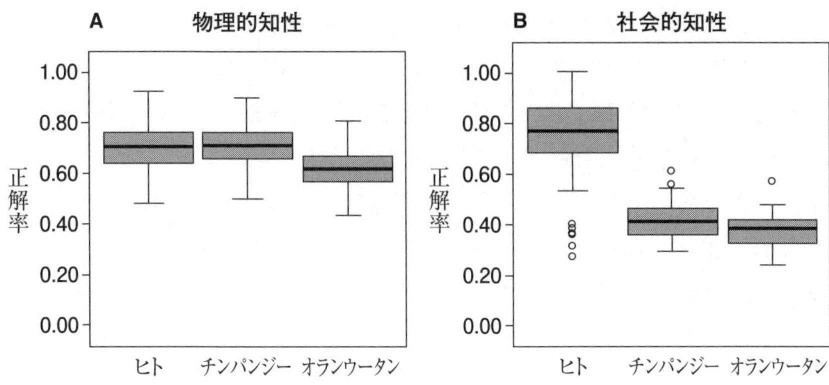

（出典：Herrmann et al., 2007）

図14-3　ヒト（2.5歳児），チンパンジー，オランウータンの（A）物理的知性，（B）社会的知性テストの得点

et al., 2007)。この研究では，ヒトの2.5歳児，チンパンジー，オランウータンを対象に，物理的知性テスト（場所の記憶テスト，簡単な足し算テスト，物の形状の変化に関するテスト等）と社会的知性テスト（他者を観察して問題解決法を発見するテスト，伝達意図を示す手がかりの読み取りテスト，他者の視線を追うテスト等）を行いました。

物理的知性，社会的知性テストの結果は，**図14-3**のようになりました。左側の図Aは物理的知性の得点の分布です。ヒト，チンパンジー，オランウータンそれぞれに太い水平線で区切られた長方形の箱が示されていて，その箱から上下にひげのようなものが伸びています。これは箱ひげ図というデータの分布を示すグラフです。ヒト，チンパンジー，オランウータンそれぞれの得点を上から順に並べたとき，上から数えても下から数えても順位が同じになる中央値（メディアン）の場所に水平線が引かれています。ひげの上端は最高得点，下端は最低得点を示しています。箱ひげ図を見ると，ヒトの2.5歳児，チンパンジー，オランウータンの物理的知性テストの得点分布に大差はありません。実際，統計的分析結果でも，3つの種の間に差はありませんでした。

一方，右側の図Bでは，ヒトの2.5歳児の得点がチンパンジー，オランウータンの得点と比べて飛び抜けて高くなっています[1]。つまり，進化の隣人であるチンパンジーと比べてもヒトの幼児は社会学習に必要な社会的知性（他者の伝達意図を理解したり，他者の視線を追ったりする能力）が高いことがわかります。ヒトは幼児の段階から社会学習への高い準備性（文化的知識を身につけるための能力）をもっていることが示唆されるのです。

3. 遺伝子と文化の共進化

（1）人種＝社会的構築物

この章では文化の変化が進化と類似した過程として理解できること，そしてヒトには文化を学習する準備性があることを確認しました。しかし，ヒトの行動を進化論から理解しようとすると，文化と遺伝子の進化が互いに影響を与え合うプロセスも重要です。すでに説明したように，文化進化は遺伝子に基づく進化よりも速く進みます。そのため，世界中には遺伝的な基盤をもたない考え方や行動様式の違い（＝文化差）が存在します。

そうは言っても，「人種」間には肌の色や目の色等，遺伝的な基盤をもった違いもあります。すると，文化差も人種間の遺伝的な違いによって生じている可能性はないのでしょうか。この問いに対する答えは「否」です。そもそもヒトという種は他の種と比べて遺伝的多様性が低いのですが（遺伝子の99.9％は共通しているという推定もあります），その小さな差異の大部分（90％以上）は人種内での差で，人種間の遺伝的差異は5％以下と見積もられています（Rosenberg et al., 2002）。近年で

1　図Bではひげより上，下に白抜きの点が描かれていますが，統計的な基準で全体の傾向から極端に離れているとみなされた得点です。はずれ値として箱・ひげの範囲の外に点で示されています。

は，「人種」というのはそもそも生物学的に意味をもつカテゴリーではなく，社会的構築物だと考えられています（Yundell et al., 2016）。

集団間で遺伝的多様性が低いことの大きな理由は，地球上の大部分の人間がかなり近い先祖を共有していることにあります。アフリカ以外の地域出身の人達は皆，約5万年前にアフリカの外に出たホモ・サピエンスの子孫なのです。遺伝子進化の時間軸で考えれば5万年はさほど長い時間ではないので，たまたま住み着いた環境の違い（例えば，日照時間や得られる食物の違い）によって小さな遺伝的差異（肌の色や消化酵素の遺伝的差異）が生じたとしても，それ以上に大きな遺伝的多様性が生まれることはなかったのです。

この事実をあえて確認したのは，世界中の文化のほとんどは，遺伝子の進化よりも速く変化する文化進化によるものだという考え方に納得していただくためです。私たちには文化を学習する準備性があり，そして文化は遺伝子よりも速く変化するので，世界中に遺伝子の差異に基づかない多様な文化が生まれたということです。もし素早く変化する文化進化がなかったら，アフリカを出てからたった5万年の間に，ヒトという種が熱帯雨林や乾燥した砂漠から寒冷な氷雪地帯といった多様な環境に適応することはできなかったでしょう。

（2）文化が遺伝子の変化を促す

ヒトが地球上のあらゆる環境に適応できたのは文化のお陰です。このように多様な環境に進出した結果として，少ないながらも集団間の遺伝的差異も生じました。例えば，私たちは太陽の光を浴びてビタミンDを作ります。そのため，日照時間が短い地域では白い肌の方が適応的です。したがって，肌の色は，住み着いた環境への適応として遺伝的な差異が生じた例と言えます。

また，ある文化的習慣が定着すると，それが新しい適応環境になり遺伝子頻度の変化を生じさせることもあります。このようなプロセスを研究するためには，変化スピードの速い文化的特性と，変化スピードの遅い遺伝的特性がそれぞれ影響し合いながら進化することを考慮しなければなりません。文化的継承と遺伝的継承を同時に考慮するので，文化進化の考え方を**二重継承理論**（dual inheritance theory）や**遺伝子と文化の共進化**（gene-culture coevolution）ともいいます（Boyd & Richerson, 1985；Cavalli-Sforza & Feldman, 1981）。

ここでは文化的環境が遺伝子の変化を促した代表的な例として乳糖耐性について簡単に紹介します（Durham, 1991）。哺乳類は，その名称が示す通り，赤ちゃんの間は母親のミルクを飲みます。哺乳類のミルクには乳糖が含まれていて，乳糖分解酵素によって消化されます。しかし，離乳すると乳糖分解酵素は不要になるため，哺乳類の成獣は乳糖分解酵素をもちません。これはヒトも同様で，牛乳を飲んでお腹がゴロゴロするのは牛乳に含まれる乳糖を消化できないためです（乳糖分解酵素をもっていなくても習慣的に牛乳を飲んでいると不調を感じないことも多いようです）。ところが，アフリカ，インド，ヨーロッパで伝統的に酪農が生業であった地域（およびアメリカのようにそういった地域出身の人が多く住み着いた地域）では，遺伝的に成人後も乳糖分解酵素をもち続ける人（乳糖耐性がある人）が少なくありません。成人後も乳糖を含む生乳を日常的に摂取するという文化的環境では，成人後も乳糖分解酵素をもち続けるという遺伝的変異が適応的です。これは酪農という生業形態（文化）が乳糖耐性という遺伝的進化を促した例です。

（3）非適応的な文化—人口転換

文化と遺伝子の進化を別々に考えることの重要性は，生物学的な意味では非適応的な文化的習慣を説明できるかもしれない点にあります。例えば，先進国では近代化とともに**人口転換**（demographic transition）といって少子化の傾向が現れます。近代化すると，それ以前よりも社会全体が裕福になり栄養状態はおしなべて改善しますから，繁殖のためにも環境はよくなっているはずです。ところが，繁殖に有利な環境で人々はむしろ子供を生まなくなるのです。少子化の結果，先進国の中には日本のように人口が減少に転じている国さえあります。

繁殖を通じた遺伝子頻度の上昇が進化ですから，環境がよくなると繁殖率が低くなるというパターンは進化論からは説明できません。仮に繁殖率を下げるような行動傾向が遺伝子に基づくとしましょう。繁殖を妨げる行動傾向の遺伝子は相対的に減っていくはずです。したがって，繁殖を妨げる行動傾向が遺伝子に基づく進化で広がることはあり得ません。では，繁殖率を下げる行動傾向はなぜ広がるのでしょうか。この問いに対して，（非適応的な）文化がその答えを提供するかもしれません（Colleran，2016）。

先に述べたようにミームは親から子へという垂直伝達だけでなく，水平伝達や斜行伝達もします。もし社会的に成功して羨望の的になっている人物が「家庭をもつよりキャリアで成功することを優先していた」と語ったらどうでしょうか。口に出して明言することはなくても，その人物の生活スタイルは仕事優先で，それを真似るとどうしても家庭のことは二の次になってしまうかもしれません。実は小さい子供でも他者から尊敬されている人物を社会学習のモデルとして選びやすいというバイアスがあることが知られています（Chudek et al.，2012）。多くの人は，社会的成功者のミームを継承し，家庭よりもキャリアを優先し始めるかもしれません。このミームは遺伝子よりも早く集団に広がり，家庭を優先してキャリアを後回しにする親の子供にも斜行伝達によって広がることができます。このように考えると，生物学的な意味で非適応的な文化（繁殖を後回しにする文化）が生じ，それが長期間維持され少子化につながるメカニズムの解明にもつながるかもしれません。

ここで，上記の成功者の考え方を非適応的と表現していますが，ここでも価値判断をしているわけではないことに注意してください。キャリアを優先するというモットーをもつ人は，家庭を優先するというモットーをもつ人よりも子供の数が少なくなりがちでしょう。この2つのモットーのどちらが道徳的に優れている（善い）とか，劣っている（悪い）ということはありません。ですが，生物学的な意味では繁殖率が高い程適応的ですから，子供の数を減らすモットーは「非適応的」ということになります。

人口転換は非常に複雑な現象であり，現時点で完全に理解されているわけではありません。筆者は文化進化に基づき人口転換を説明しようとするアプローチを有望だと思っていますが，それ以外にも様々なアプローチがあります。そういう意味で，教科書で扱う例としてはふさわしくなかったかもしれません。ですが，この問題は文化が生物学的に非適応的な結果を招く可能性を示す好例であるとともに，近代化した国ではおしなべて観察されるという一般性の高い事例でもあるので，あえてここで紹介しておきました。

《学習課題》

1．乳糖耐性は遺伝的な基盤をもつ特性ですが，その進化を考えるためには文化を考慮する必要があります。乳糖耐性の進化で文化が果たす役割を説明してください。

【解説】 ここでの文化は，酪農文化のことを指しています。酪農文化では，本来離乳後には利用できなかった乳糖を含む生乳という新しい栄養源が利用可能になりました。生乳の利用は，ヒトにとっての新しい適応環境になったと考えられます。

2．遺伝子に基づく進化と文化進化の類似点と違いについて考えてみてください。

3．ナチュラル・ペダゴジー説が前提とする意図明示・推論コミュニケーションによれば，ヒトのコミュニケーション場面には情報意図と伝達意図という２種類の意図があると考えられます。これら２つの意図の違いは何でしょうか。

引用文献

Boyd, R., & Richerson, P. J. (1985). *Culture and the evolutionary process*. University of Chicago Press.

Cavalli-Sforza, L. L., & Feldman, M. W. (1981). *Cultural transmission and evolution: A quantitative approach*. Princeton University Press.

Chudek, M., Heller, S., Birch, S., & Henrich, J. (2012). Prestige-biased cultural learning: Bystander's differential attention to potential models influences children's learning. *Evolution and Human Behavior*, *33*(1), 46–56. https://doi.org/10.1016/j.evolhumbehav.2011.05.005

Colleran, H. (2016). The cultural evolution of fertility decline. *Philosophical Transactions of the Royal Society B*, *371*(1692), Article 20150152. http://dx.doi.org/10.1098/rstb.2015.0152

Csibra, G., & Gergely, G. (2009). Natural pedagogy. *Trends in Cognitive Sciences*, *13*(4), 148–153. https://doi.org/10.1016/j.tics.2009.01.005

Dawkins, R. (1976). *The selfish gene*. Oxford University Press. リチャード・ドーキンス（著） 日高敏隆／岸由二／羽田節子／垂水雄二（訳）(2018).『利己的な遺伝子』(40 周年記念版) 紀伊國屋書店

Durham, W. H. (1991). *Coevolution: Genes, culture, and human diversity*. Stanford University Press.

Herrmann, E., Call, J., Hernández-Lloreda, M. V., Hare, B., & Tomasello, M. (2007). Humans have evolved specialized skills of social cognition: The cultural intelligence hypothesis. *Science, 317*(5843), 1360–1366. https://doi.org/10.1126/science.1146282

Hinde, R. A., & Barden, L. A. (1985). The evolution of the teddy bear. *Animal Behaviour, 33*(4), 1371–1373 https://doi.org/10.1016/S0003-3472(85)80205-0

Kawai, M (1965) Newly-acquired pre-cultural behavior of the natural troop of Japanese monkeys on Koshima islet. *Primates, 6*(1), 1–30. https://doi.org/10.1007/BF01794457

Nagell, K., Olguin, R. S., & Tomasello, M. (1993). Processes of social learning in the tool use of chimpanzees (*Pan troglodytes*) and human children (*Homo sapiens*). *Journal of Comparative Psychology, 107*(2), 174–186. https://doi.org/10.1037/0735-7036.107.2.174

Rosenberg, N. A., Pritchard, J. K., Weber, J. L., Cann, H. M., Kidd, K. K., Zhivotovsky, L. A., & Feldman, M. W. (2002). Genetic structure of human populations. *Science, 298*(5602), 2381–2385. https://doi.org/10.1126/science.1078311

Senju, A., & Csibra, G. (2008). Gaze following in human infants depends on communicative signals. *Current Biology, 18*(9), 668–671. https://doi.org/10.1016/j.cub.2008.03.059

Sperber, D., & Wilson, D. (1995). *Relevance: Communication and cognition*. Wiley-Blackwell. D. スペルベル／D. ウィルソン（著） 内田聖二／中逵俊明／宋南先／田中圭子（訳）(1999).『関連性理論―伝達と認知―』(第 2 版) 研究社

Visalberghi, E., & Fragaszy, D. M. (1990). Food-washing behaviour in tufted capuchin monkeys, *Cebus apella*, and crabeating macaques, *Macaca fascicularis*. *Animal Behaviour, 40*(5), 829–836. https://doi.org/10.1016/S0003-

3472(05)80983-2

Yundell, M., Roberts, D., DeSalle, R., & Tishkoff, S. (2016). Taking race out of human genetics. *Science, 351*(6273), 564–565. https://doi.org/10.1126/science.aac4951

参考図書

● ジョセフ・ヘンリック（著）　今西康子（訳）(2019).『文化がヒトを進化させた―人類の繁栄と<文化 - 遺伝子革命>』 白揚社

15 進化心理学の限界と展望

《学習のポイント》 ここまで進化心理学の個々のテーマを学んできましたが，最後に進化心理学全般にかかわる問題について考えたいと思います。進化論的な考え方に慣れてくると，いろいろなことを進化論的に説明したくなります。「学びて思わざれば罔し」ですから，是非新しい説明に挑戦していただきたいと思います。その一方で，あまり安易に適応的・非適応的ということを考えると間違えてしまうこともあります。「思いて」ばかりが先行すると「殆うし」ということにもなりかねません。そこで，最後に学ぶことと思うことのバランスの大切さを確認しておきましょう。
《キーワード》 なぜなぜ物語，進化的ミスマッチ仮説，再現性の危機

1. 進化的ミスマッチ仮説となぜなぜ物語

(1) なぜなぜ物語

進化心理学にしばしば向けられる批判に，進化心理学の説明は**なぜなぜ物語**（just so story）ではないかというものがあります。『なぜなぜ物語』とは，イギリス人の作家ラドヤード・キプリングが1902年に発表した童話集（*Just So Stories*）の邦訳版タイトルです。この童話集では，「象の鼻はなぜ長いの？」「なぜラクダにはコブがあるの？」といった疑問に対して，いかにも子供が面白がりそうな説明がなされています。この童話集のタイトルを使って，進化心理学の説明は科学的な装いの「なぜなぜ物語」ではないかという批判がなされることがあります。

例えば，生物学者であると同時にサイエンス・ライターとしても有名

であったスティーブン・ジェイ・グールドは，生物の特徴には適応では説明できないものがあると考えていました。そのため，生き物の身体的特徴であれ心のはたらきであれ，何でも適応論的に説明しようとすることにはことさら批判的でした。グールドが批判した考え方の中に進化的ミスマッチ仮説があります。具体的には，ヒトが甘味を好むのは現代では肥満の原因になり非適応的だが，進化的適応環境では有利だったという説明を取り上げ，推測の域を越えない「なぜなぜ物語」だと指摘しました（Gould，1997）。

（2）進化的ミスマッチ仮説と進化的適応環境

第10章で紹介したように，進化的ミスマッチ仮説は，非適応的な結果を生じさせる行動の説明としてしばしば用いられます。具体的には，現代環境で特定の行動傾向が非適応的であるとしたら，それはその行動が進化した進化的適応環境と現代環境が同じではなくなってしまっているからだと説明します。ちなみに，進化的適応環境とは検討しようとしている特徴が進化した環境のことを指します。例えば，同じ現代人の特徴であっても，直立二足歩行は樹上生活から地上を長距離移動せざるをえなくなった新しい生活スタイル（環境）の下で進化したものですが，肺呼吸はそれよりもっと以前の私たちの祖先が水中から陸上に生活環境を移したときに，陸上という環境に適応して進化したものです。

進化的ミスマッチ仮説に話を戻します。この仮説による説明の優れたところは，現代環境で必ずしも適応的ではない行動傾向を進化論の枠組みで説明することができる点です。進化的適応環境ではうまくはたらいていた心理メカニズムが現代環境ではうまくはたらかないというのは，水中では体内に酸素を取り入れるためにうまくはたらくエラが，水から出るとうまくはたらかないと言うのと同じで，正しく使えば間違った説明ではありません。その一方で，誤用すればそもそも適応的ではない行動傾向まで適応的だから進化したのだという間違った理解を生み出してしまうことになります。特に進化的適応環境が実際にはどのようなものであったかわからない場合には，進化的適応環境を都合よく想定することで「なぜなぜ物語」を生み出すことにもなります。

(3) 甘味嗜好性はなぜなぜ物語か？

それでは，甘味嗜好性は進化的適応環境と現代環境のミスマッチのせいで肥満の原因のひとつになっているという説明は，本当にグールドが批判するようになぜなぜ物語なのでしょうか。この問いに答えるためには，甘味嗜好性の進化的適応環境を考えなければなりません。まず，甘味嗜好性が進化した環境には甘味の元になる果糖がふんだんには存在していなかったはずです（後で説明しますが，果糖は非常に効率のよいエネルギー源です）。ヒトの祖先が自然に得ていた甘味としては，ハチミツや果物が考えられますが，品種改良されていない当時の果物は現代の果物ほど甘くはなかったでしょう。そして，進化的適応環境では果糖には希少性があったと考えられます。

ここでは，ハチミツの利用を例に考えます（Marlowe et al., 2014)。ハチミツと言えば，クマが食べているというイメージがあるかもしれませんが，チンパンジー，ゴリラ，オランウータンといった大型類人猿も食べているという報告があり，ハチミツの甘味を好むのは少なくとも大型類人猿との共通祖先にまで遡ることができそうです。実際，現代の狩猟採集民も積極的にハチミツを利用しているという証拠があります。例えば，ミツバチが生息している温暖な地域の16の狩猟採集民の社会を調べたところ，15の社会でハチミツが利用されていました。

いくつかの状況証拠は，ヒトがハチミツの甘味に対する強い嗜好性をもつことを示唆します。例えば，アフリカの一部のミツバチには，刺されると数日間手が大きく腫れあがるくらい毒性の強いものがいます。もし私たちの祖先が甘味に対する嗜好性をもっていなかったら，わざわざこのような危険なミツバチの巣に手を出すでしょうか。また，アフリカの多くの地域でミツオシエという鳥とヒトの間に，ヒトが鳥からハチの巣の場所を教えてもらい，鳥がヒトのおこぼれにあずかるという共進化が生じていることも，ハチミツがかなり以前からヒトにとっての一般的な食物レパートリーに含まれていたことを示唆します（Spottiswoode et al., 2016）。

甘味嗜好性の適応的な意義も明確です。タンザニアのハッザ族についての記録では，ハチミツは重さにすると全食物の４％を占めるにすぎませんが，摂取カロリー量に換算すると全食物の15％を占めます（Marlowe et al., 2014）。それだけ効率的なエネルギー源なのです。そして，私たちの体にはこれをうまく利用するメカニズムが備わっています。甘味の強い果糖は主に肝臓によって代謝され，すぐに代謝できない果糖は脂肪として肝臓に貯蔵されたり，血中に放出されたりします。また，貯蔵された脂肪は，血糖値が下がったときに（つまり，体がエネルギーを必要としているときに）グルカゴンというホルモンで糖に戻され，血糖値を上昇させるために使用されます（Lieberman, 2013）。

これらの証拠から，甘味嗜好性をもち，甘い食べ物を強く欲する傾向は進化的適応環境において適応的であったと考えられます。ところが，現代環境では精製糖が安価で大量に手に入るようになり，多くの食品に使用されています。ミツバチに刺されるほどの苦労をしなければ手に入らなかった進化的適応環境とは明らかにミスマッチがあります。これらのことを合わせて考えると，適応として備わった甘味嗜好性が現代環境における肥満の原因のひとつだという説明は，なぜなぜ物語ではない，妥当な進化的説明だと言えそうです。

(4) ミスマッチのままなのか？

進化的ミスマッチ仮説には，まだ釈然としない部分があります。それは，進化がその時々の環境に適応的な特性を形成するプロセスだとすれば，なぜミスマッチのままなのかという問題です。甘味嗜好性について言えば答えは簡単です。砂糖の消費が増えてからヒトの味覚の進化にとって十分な時間が経過していないのです。例えば，20 世紀初頭のアメリカ人の砂糖の消費量は現代のアメリカ人の半分ほどで，19 世紀はさらに少ないのです（Guyenet，2017）。また，現代医療の発展もあり，仮に肥満で糖尿病になったとしても適応度が 0 になるわけではありません。ですから，淘汰圧もさほど大きくないと考えられます。

しかし，ヒトが人為的に作り出した新しい環境に遺伝的な適応が生じた例はあります。例えば，第 14 章で説明した酪農文化圏に見られる乳糖耐性という適応です。新規な文化的環境であっても，それが十分に長い期間継続すれば，その環境への適応は生じます。つまり，ミスマッチが解消されることもあるのです。しかし，自然淘汰による遺伝子の進化が起こるためには時間がかかりますから，ミスマッチのままの行動傾向が残っていても不思議ではないのです。

2. ミスマッチ以外のなぜなぜ物語

(1) 理論的に見極める―群淘汰

なぜなぜ物語とは，本来は進化した特性ではないものを「○○という機能があるために進化したのだ」と説明してしまう間違いを指しています。また，その説明の検証可能性が低いことも批判されます。これは必ずしも進化的ミスマッチ仮説にだけ向けられる批判ではありません。進化心理学という分野全体に対して，その正しさを確かめようのない進化論的な物語を作り出しているだけではないかという批判がなされることはままあります。しかし，進化心理学のすべての説明がなぜなぜ物語ではありません。では，どのようにして妥当な説明と妥当性の低い説明を区別したらよいのでしょうか。

例えば，第4章で紹介した群淘汰による利他行動の説明は，一見もっともらしく思える説明でした。実際，鳥類学者のウィン・エドワーズは集団の密度（個体群密度）が高くなりすぎて集団全体が餓死する可能性が高まった状況では，この危機を防ぐために，一部の個体が利他的に繁殖を控えるという考えを提唱し，これを受け入れた生物学者もいました。ところが，プライス方程式を使ってこの説明を厳密に検証していくと，この説明では利他行動（集団全体のために繁殖を控えることも利他行動です）の進化は説明できないことがわかりました。つまり，群淘汰による利他行動の説明は論理的に成り立たない説明だったのです。

この例はなぜなぜ物語を見極めるためのひとつの方法を示しています。数理モデルやシミュレーションによって，特定の説明が論理的に成り立つかどうかを検証するのです。もし，モデルやシミュレーションで進化しえないという結果が示されれば，その説明はもっともらしく聞こえるけれど間違っているということになります。しかし，論理的にはありえるという場合にも実証的検証が必要です。

（2）実証的に見極める—同性愛の進化

ここでは，同性愛の進化に対して提唱された間違った仮説を紹介しておきます。これを紹介するのは，間違った説明であってももっともらしく見えるものがあること，そしてそれが実証的な証拠によって棄却されることの好例になっているからです。

同性愛（特に異性にはまったく関心のないケース）の存在は進化的な謎です。というのは，そのような性的指向をもっていると子孫を残すことができず，そのような性的指向を規定する遺伝子が仮にあるとしたら，その遺伝子が次世代に伝わることはない（集団中に広がることはない）はずだからです。ところが，同性への性的指向は時代や場所を越えて普遍的に見られます。そうだとしたら，そのような性的指向が進化する可能性があるのでしょうか。

これに対して，血縁淘汰理論に基づく説明が提唱されたことがあります。例えば，アリやハチのような昆虫には生涯まったく繁殖せずに血縁の個体のために働く不妊カーストが存在します。不妊カーストの個体は自分の母親である女王の繁殖を助けることで，間接的に自分自身の遺伝子を次世代に残しています（つまり，包括適応度を上昇させています）。同じことが同性愛の進化に当てはまるかもしれません。同性への性的指向をもつ人達は，自分自身では子供をもうける機会はありませんが，血縁関係にある親戚の繁殖を助けることで包括適応度が高くなっているのではないかというのです。

これは同性愛の進化を説明するためのなぜなぜ物語でしょうか，それとも根拠のある正しい説明でしょうか。実は，この仮説は実証的検証により棄却されています。もしこの仮説が正しければ，同性に対する性的指向をもつ人ほど自分自身のきょうだいに経済的援助等を行い（生物学的に言えば彼らの繁殖を援助し），甥や姪にも利他的に振る舞うと予測されます。同性・異性への性的指向を有する男性を対象にした調査では，この予測はまったく支持されませんでした（Bobrow & Bailey, 2001）。この調査では，同性への性的指向をもつ男性はむしろきょうだいへの経済的援助をしない傾向があったのです（その性的指向ゆえに，家族全般と距離をとっていることが考えられます）。

(3) 副産物の可能性

ここまで見たように，ある種のなぜなぜ物語は，論理的または実証的に間違っていると判断することができます。ところが，中にはそう簡単にいかない場合もあります。ここでは，魅力的な顔についての進化的な説明を取り上げ，それに対する代替説明を紹介します。具体的に取り上げるのは左右対称な顔への好み，平均顔への好みです（Rhodes, 2006)。

私たちは左右対称な顔を魅力的だと感じる傾向があります。それに対する進化論的な説明は次の通りです。多くの動物では，安定した発達が遺伝的・環境的要因で阻害されると，身体の特徴に**左右対称性のゆらぎ**（fluctuating asymmetry；FA）が生じます。遺伝的要因で発達が阻害されたとしたら，そのような相手を配偶パートナーとして選ぶと自分の子供にも発達を阻害する遺伝子が引き継がれてしまう可能性があります。非対称性の原因が感染症であれば，そのような相手をパートナーにすることで自分自身も感染してしまうかもしれません。このことから，左右対称性のゆらぎの大きな相手を配偶者として選ばないことには適応上のメリットがあると考えられます。同じように，多くの人の顔の特徴を合成して作成した**平均顔**も魅力的とされます。左右対称性のゆらぎと同様に，安定した発達が阻害されると平均顔にはない特徴が生じるために，平均顔も安定した発達の指標になるのかもしれません。ただし第6章で学んだように，顔の魅力度と健康の間の関係は，極端に魅力度が低いとされる場合に限定されるのかもしれません。そうだとすると，これらの適応論的な説明の前提が疑われることになります。

上記の適応論的説明に対して，対称性が高かったり平均的な顔に魅力を感じるのは，脳の情報処理プロセスの副産物として説明できるのではないかという考え方があります（Rhodes, 2006)。単純化して言えば，対称性が高く，平均的な顔ほど脳で処理する際に，「これは顔だ」と判別しやすく，情報処理が容易になるというのです。手書きの文字よりも印刷された文字の方がきれいだと感じられますが，書きなぐったような文字は判読が大変で（情報処理に負担がかかり）きれいとは感じられないのかもしれません。

私たちに印刷した文字を美しいと感じるような印刷文字に特化した適応がないことは自明です。もし情報処理が容易なほど「きれい」と感じられるとしたら，対称性が高い平均的な顔への好みは（文字をきれいと感じることが適応ではないのと同じように）適応ではないということになります。実はグールドは，この副産物として備わっている傾向を適応と説明してしまうことも厳しく批判していました。

ここでは，進化的ミスマッチ仮説以外のなぜなぜ物語を紹介しつつ，どのようにしてなぜなぜ物語かどうかを見極めるのかを考えてきました。なぜなぜ物語を見極めるひとつの方法は，数理モデルやシミュレーションを用いて進化的説明が論理的に成り立つのかどうかを検証することです。また，実証的データによりその真偽をテストすることもできます。しかし，仮に実証的なデータが進化論に基づく説明と一致している場合であっても，副産物として説明できないかどうかを慎重に検討する必要があります。そして，副産物としての説明が可能であるなら，本当に適応なのかどうかを再度吟味してみる必要があります。

3. 再現性の危機と進化心理学

(1) 再現性の危機

最後に進化心理学だけでなく，心理学全体あるいは科学界全体が近年直面している問題について簡単にふれておきます。21 世紀の科学界は**再現性の危機**（replication crisis）という問題に揺れています。これまで心理学者は，学術雑誌に掲載されている論文の内容（実験・調査結果）は信じてよいものだと思っていました。ところが，同じ実験や調査を行っても必ずしも同じ結果が得られるとは限らないということがわかってきたのです。例えば，心理学の権威ある複数の学術雑誌に掲載された論文で報告された実験結果100件を選び出し，同じやり方で実験を行って同じ結果が再現されるかどうかを検証したプロジェクトがあります。その結果，元の研究と同じ結果が再現された実験はなんと35件しかなかったのです（Open Science Collaboration，2015）。

何が原因でしょうか。データ捏造のようなあからさまな不正は論外ですが，そうではなくても，伝統的な研究の慣行も再現性の危機を生んでいる可能性がわかってきました（Lehrer，2010）。例えば，AとBに違いがあるかどうかを調べる研究では，AとBの平均値の差が偶然ではめったに起こらないと認められるときに，AとBに差があると判断します。そして，この「めったに起こらない」かどうかの基準は，慣例的に「5%以下の確率」とされています。逆に言えば，本当はAとBに違いがないのにAとBに違いがあるという間違った結果を得る確率が常に5%あるわけです。そのため，実際には「AとBに差がない」場合は，AとBを比較した研究のうち5%だけが「AとBに差がある」という結果を報告し，残り95%は「AとBに差がない」という結果を報告しているはずです。

ところが，ほとんどの研究者は雑誌に掲載されない多くの実験を行っていて，「5%以下の確率」という基準を突破した実験結果だけを報告する傾向があります。学術雑誌の側にも，「AとBに差がない」という結果の科学的価値を低く評価し，掲載しない傾向がありました。そのため，本当は「AとBに差がない」のだとしても，雑誌に発表されている結果は「AとBに差がある」というものばかりになりがちなのです。

ここで，発表された結果を再現しようと新しい研究を行ったらどうでしょうか。本当は「AとBに差がない」わけですから，「AとBに差がある」という結果は当然再現されません[1]。

（2）再現されなかった進化心理学の知見

このような近年までの研究状況を踏まえると，この教科書で紹介した知見のいくつかも再現性がないということになってしまうかもしれません。できるだけ，そうならないように紹介する研究を選んだつもりですが，その可能性を完全に0にはできていないでしょう。逆に，再現性がありそうな研究を厳選したことで，進化心理学が再現性の危機からは遠い分野だという印象を与えてしまうとしたら，それも正しくないと認めざるをえません。

そこで，ここでは進化心理学において再現性がないことが確認された知見をひとつ紹介しておきます。第8章では，父親は自分と容姿や体臭が似ている子供をかわいがる傾向があるという研究結果を紹介しました。そうすると，子供の立場から考えると，血縁関係があることが確実な母親よりも，それが不確実な父親に似ている方が適応的ではないでしょうか（母親は自分がお腹を痛めて生んだ子が自分と血縁関係がないと疑うことはないからです）。このことを確認する実験は簡単です。まず，複数の家族に赤ちゃんと父親，母親の写真を撮らせてもらいます。そして，それらを他の人に見せて赤ちゃんと父親，赤ちゃんと母親の組合せを正しく選べるかを調べるのです。もし，赤ちゃんと父親の組合せの方が赤ちゃんと母親の組合せよりも正答率が高ければ，赤ちゃんは母親より父親に似ていると言えるでしょう。

このような実験を実際に行い，1995年の*Nature*誌に発表された研究では，子供が1歳，10歳，20歳の時の写真と両親の写真とを正しく組

1　これ以外に，心理学の中に問題のある研究慣行が広がっており，最近までその問題がきちんと理解されていなかったという指摘もあります（John et al., 2012; Simmons et al., 2011）。

み合わせることができるかどうかが検討されました。その結果，1歳児の写真に限って，父親と組み合わせる場合の正答率が高くなっていました（Christenfield & Hill，1995）。非常にもっともらしい結果ですが，この知見はその後の同様の実験で再現されませんでした（French et al.，2000）。子供の年齢（1歳，3歳，5歳）にかかわらず，子供と父親の組合せの正答率，子供と母親の組合せの正答率に違いはなかったのです。

この研究を紹介したのは，一見もっともらしい実験結果でも健全な懐疑の目をもって眺めなければならないことを再認識してもらうためです。ここまで進化心理学を学んできて，もしかするとその研究結果の正しさに疑問をもった部分もあったかもしれません。もしそう思ったのであれば，教科書に書いてあるからと鵜呑みにするのではなく，健全な懐疑の目でよく検討していただければと思います。まえがきで引用した孔子の言葉「学びて思わざれば則ち罔し」を思い出してください。書いてある通りに理解して受け入れるだけでは，せっかく学んでいるのにもったいないのです。これは本当に信じてよいのか，それとも自分は受け入れられないのか（受け入れられないならなぜなのか），考える力も養っていただきたいと思います。そして，進化心理学という分野も，皆さんの健全な懐疑に鍛えられて再現性のある健全な科学へと成長していくことができると信じています。

《学習課題》

1．あなた自身がこれはどう考えても「なぜなぜ物語」だと思う進化心理学的な説明（あるいは「お話」）を作り，それを自分で批判してください。

【**解説**】「なぜなぜ物語」を作るというのは，こういう行動は生き残りと繁殖に有利だったという「お話」をでっちあげることです。進化的適応環境には存在しなかった行動に対する説明をでっちあげれば，信憑性も低く批判しやすいでしょう。例えば，「現代人が夜更かしをしてホラー映画を観てしまうのは，周囲に肉食動物（恐怖刺激）がいるときには，夜中にも眠らずに警戒していた方が生存に有利だったからだ」のような説明です。これくらい荒唐無稽な説明であれば，批判も簡単なはずです。みなさんも，ぜひ自分の「なぜなぜ物語」を作って，それを批判する力を鍛えてください。

2．進化的ミスマッチ仮説が「なぜなぜ物語」だと批判されやすいのはなぜだと思いますか。

引用文献

Bobrow, D., & Bailey, J. M. (2001). Is male homosexuality maintained via kin selection? *Evolution and Human Behavior, 22*(5), 361–368. https://doi.org/10.1016/S1090-5138(01)00074-5

Christenfeld, N. J. S., & Hill,. E. A. (1995). Whose baby are you? *Nature, 378*(6558), 669. https://doi.org/10.1038/378669a0

French, R. M., Brédart, S., Huart, J., & Labiouse, C. (2000). The resemblance of one-year-old infants to their fathers: Refuting Christenfeld & Hill (1995). In L. R. Gleitman & Joshi, A. K. (Eds.), *Proceedings of the 22nd Annual Conference of the Cognitive Science Society* (pp. 148–153). Erlbaum.

Gould, S. J. (1997, June 26). Evolution: The pleasures of pluralism. *The New York Review of Books*. https://www.nybooks.com/articles/1997/06/26/evolutionthe-pleasures-of-pluralism/

Guyenet, S. J. (2017). *The hungry brain: Outsmarting the instincts that make us overeat.* Flatiron Books.

John, L. K., Loewenstein, G., & Prelec, D. (2012). Measuring the prevalence of questionable research practices with incentive for truth telling. *Psychological Science, 23*(5), 524–532. https://doi.org/10.1177/0956797611430953

Lehrer, J. (2010, December 5). The truth wears off. *The New Yorker.* https://www.newyorker.com/magazine/2010/12/13/the-truth-wears-off (printed in the December 13, 2010, issue.)

Lieberman, D. E. (2013). *The story of the human body: Evolution, health, and disease.* Pantheon. ダニエル・E・リーバーマン（著）　塩原通緒（訳）(2017).『人体600万年史—科学が明かす進化・健康・疾病』（上・下）　早川書房

Marlowe, F. W., Berbesque, J. C., Wood, B., Crittenden, A., Porter, C., & Mabulla, A. (2014). Honey, Hadza, hunter-gatherers, and human evolution. *Journal of Human Evolution, 71*, 119–128. https://doi.org/10.1016/j.jhevol.2014.03.006

Open Science Collaboration. (2015). Estimating the reproducibility of psychological science. *Science, 349*(6251), aac4716. https://doi.org/10.1126/science.aac4716

Rhodes, G. (2006). The evolutionary psychology of facial beauty. *Annual Review of Psychology, 57*, 199–226. http://doi.org/10.1146/annurev.psych.57.102904.190208

Simmons, J. P., Nelson, L. D., & Simonsohn, U. (2011). False-positive psychology: Undisclosed flexibility in data collection and analysis allows presenting anything as significant. *Psychological Science, 22*(11), 1359–1366. https://doi.org/10.1177/0956797611417632

Spottiswoode, C. N., Begg, K. S., & Begg, C. M. (2016). Reciprocal signaling in honeyguide-human mutualism. *Science, 353*(6297), 387–389. http://doi.org/10.1126/science.aaf4885

参考図書

● ダニエル・E・リーバーマン（著）　塩原通緒（訳）(2015).『人体600万年史—科学が明かす進化・健康・疾病』（上・下）　早川書房

索引

●配列は五十音順。

●た　行

●な　行

●は　行

●ま　行

●や　行

●ら　行

著者紹介

大坪　庸介（おおつぼ・ようすけ）

1971年　長崎県に生まれる

2000年　米・Northern Illinois University 心理学部大学院修了（Ph. D. in Psychology）

現在　東京大学大学院人文社会系研究科　准教授

専攻　社会心理学，進化心理学

主な著書　『進化と感情から解き明かす社会心理学』（共著，有斐閣）

『英語で学ぶ社会心理学』（共著，有斐閣）

『進化でわかる人間行動の事典』（共編，朝倉書店）

『仲直りの理：進化心理学から見た機能とメカニズム』（単著，ちとせプレス）

版権

図8-2（p.128）
Republished with permission of John Wiley & Sons-Books, from Zeitschrift für Tierpsychologie, Konrad Lorenz, volume 5, issue 2, 2010; permission conveyed through Copyright Clearance Center, Inc. Arranged through Japan UNI Agency, Inc., Tokyo

図8-3（p.132）
Copyright © 1988 from Homicide by Martin Daly, Margo Wilson. Reproduced by permission of Taylor and Francis Group, LLC, a division of Informa plc. Arranged through Japan UNI Agency, Inc., Tokyo

図12-1（p.188）
Republished with permission of Elsevier Science & Technology Journals, from Trends in Cognitive Sciences; Vol. 8, Issue 4 (2004); permission conveyed through Copyright Clearance Center, Inc. Rights arranged through Japan UNI Agency, Inc., Tokyo

図14-1（p.212）
Reprinted from Animal Behaviour, Vol 33/Issue 4, Robert A. Hinde, L. A. Barden, the evolution of the teddy bear, pages 1371-1373, NOV 1985, with permission from Elsevier. Arranged through Japan UNI Agency, Inc., Tokyo

図14-2（p.214）
Copyright © 1993 by American Psychological Association.
Reproduced with permission, arranged through Japan UNI Agency, Inc., Tokyo

図14-3（p.217）
Republished with permission of American Association for the Advancement of Science, from Science; Vol. 317, Issue 5843 (2007); permission conveyed through Copyright Clearance Center, Inc. Rights arranged through Japan UNI Agency, Inc., Tokyo

放送大学教材　1529714-1-2311（テレビ）

進化心理学

発　行　　2023年3月20日　第1刷
著　者　　大坪庸介
発行所　　一般財団法人　放送大学教育振興会
　　　　　〒105-0001　東京都港区虎ノ門1-14-1　郵政福祉琴平ビル
　　　　　電話　03（3502）2750

市販用は放送大学教材と同じ内容です。定価はカバーに表示してあります。
落丁本・乱丁本はお取り替えいたします。

Printed in Japan　ISBN978-4-595-32386-7　C1311